朝日新書
Asahi Shinsho 966

中高年リスキリング

これからも必要とされる働き方を手にいれる

後藤宗明

朝日新聞出版

はじめに

「あなたの余命はあと6カ月」と医師から宣告されたら、皆さんは今の仕事を続けますか？

「はい、続けます」という方は、おそらく仕事を楽しめていて、死ぬまで続けたいと思えるか、もしくは、もういろんなことを諦めてしまっていて、変化を起こす気力がないか、のどちらかではないかと思います。

「いいえ、辞めます」という方は、お金に余裕があって、仕事を辞めて、残りの人生を大切な家族や好きな人と過ごせる方か、または、後悔しないようにその他の選択肢を模索しようとされる方なのではないかと思います。

はじめまして、一般社団法人ジャパン・リスキリング・イニシアチブの後藤宗明といいます。この本を手に取ってくださり、ありがとうございます。唐突な質問から書き出してしまいましたが、少しだけ現在の正直な気持ちが脳裏に浮かんだのではないでしょうか。

この本は早くにリタイアしたい、ＦＩＲＥ（Financial Independence, Retire Early／経済的自立と早期退職）したい、企業の中で出世して社長になりたい、リスクを取って起業して若くして大成功したい、そういう方々向けの本ではありません。少し暗い話になってしまうかもしれませんが、人生１００年時代と言われ、70歳までの就業機会の確保が努力義務となっている２０２４年現在、これからの人生をどのように過ごしたらよいか悩んでいる中高年の方々向けの本です（もちろん、40代、50代になると、こんな現実が待っているんだ、ということを知りたい20代、30代の方々にもお役に立てるかもしれません）。

本書の一番の目的は、「これからも必要とされる働き方を手にいれる」ことです。そのための一番の解決策が「リスキリング（reskilling）」であると、私は考えています。

リスキリングという言葉は、英語の「reskill」が元になっていて、「(新しいスキルを)再習得させる」という意味になります。リスキリングに対して「(個人の)学び直し」という和訳を当てているメディアも存在しますが、本来は、企業などの組織が主語になり、例えば「企業が自社の従業員をリスキルする」という使い方をします。

とはいえ、実際のリスキリングにおける主役は、働きながら新しいスキルを習得する個々人になります。そのため、この言葉を働く個人の視点で捉え直すなら、次のように言い換えることも可能です。

「新しいことを学び、新しいスキルを身につけ実践し、そして新しい業務や職業に就くこと」

そして実は、私自身がこのリスキリングの実践者でもあります。

私の場合は40代でクビを3回経験し、書類選考や面接で100社以上に落とされ、年収も一時期は3分の1にまで減りました。また、職場におけるパワハラによるストレスで重度のうつ病一歩手前まで行き、一時期は自ら命を断つことばかりを考えていました。私は幸運なことに、親友や家族の助けがあり、最後の一線を越えずに立ち直り、現在はやっと自分のやりたい仕事ができるようになりました。しかし、当時の苦しかった強烈な経験から、「もう二度と自分がやりたくない仕事はやらない」「極端なストレスを抱える前に、プロジェクトを断り、仕事を辞める」と腹を括《くく》って、現在の自分があります。今振り返ってみると、40代の段階で「あなたはもう不要な人材です」という市場評価をもらって苦しみ、葛藤しながら、リスキリングした結果として、いただいた数少ないチャンスをつかむことができたのではないかと思います。

私は現在52歳になりましたが、私たちの世代は、常に大きな外部環境の変化への適応と熾烈《しれつ》な競争を強いられてきたのではないかと思います。そして、これからの将来を考える上では、会社勤めをされている方々は、早期退職、役職定年、定年と再雇用といった、必ずしも前向きではない選択をせざるを得ない状況が続きます。おそらく、私と同世代の方々は、このまま放っておくと、私が40代で経験したような辛《つら》い思いをこれからするのではないか、それを防ぐのに自分が経験したリスキリングが役に立つのではないかと感じたことが、私が日本でリスキリングを広めようと思ったきっかけです。

逃げ切れる世代とそうではない世代があると言われていますが、おそらく、定年して引退できるような方々はもうマジョリティではなくなっています。この本は、定年後も働く必要があると考える方々に、より多くの選択肢を増やせたらという思いで書きました。


「これからも必要とされる働き方」ができるかどうかは、今からどのようなアクションを取るかによって大きく変化します。将来の選択肢を増やし、長く働き続けるためには、リスキリングが大きなカギを握ります。

冒頭で「余命6カ月なら今の仕事を続けるか?」という質問をさせていただいたのは、今の状態を維持して、残りの人生を後悔しないかどうか、それをご自身の心に問いかけていただきたかったからです。私自身、実は、毎年受けている人間ドックで、2023年11月に肺がんと前立腺がんの可能性が高いという診断結果をもらった(その後の精密検査で全くの誤診だったことが判明)ことで、今までの生き方、考え方、時間の使い方に大きな変化が生じ、残りの人生を後悔のないものにしたいという思いを強くしました。

この本を読み終わったとき、皆さんに「よし、自分もリスキリングに取り組んでみよう」と思っていただけたなら、これ以上の喜びはありません。

2024年7月

後藤宗明

中高年リスキリング　これからも必要とされる働き方を手にいれる

目次

第1章　定年4・0時代のリスキリング

1. 現実味を増す「定年4・0」の世界

【1】テクノロジーの進化が引き起こす「定年4・0」

中高年の方々はこれから、後ほど詳しくお伝えするようなさまざまな外部環境の変化と向き合っていく必要が出てきます。これはある種、向かい風というか、強制的かつ不可避な大きな流れとして私たちを待ち受けている大局です。こうした環境下で、残りの人生を自分の思い通りに、やりたいことを楽しくやる、やりたい仕事をやるためにはどうしたらよいのでしょうか。

①従来の定年の概念をアップデートする必要性

経済コラムニストとして活躍されていた大江英樹さん（2024年1月ご逝去）の2018年の著書『定年3・0　50代から考えたい「その後の50年」のスマートな生き方・稼ぎ方』（日経BP）は、ご自身の定年の経験から人生100年時代を安心して楽しく暮らすためのヒントが満載です。その中で、定年3・0に至る過程が、

- **定年1・0：生活の不安なくのんびりと暮らせた時代**
- **定年2・0：「老後のお金」に関する常識が大きく変化した時代のシニア像**
- **定年3・0：「お金」「健康」「孤独」の3つの問題をそれぞれが解決していかなければならなくなった**

と分類されています。

そして、この定年3・0の考え方をベースにしつつも、まだ定年前の私たち現役世

代が今後向き合わなくてはいけないのが、定年後も積極的に働くことを前提にしていかざるを得ない、という現実です。定年後も働く必要性については、追って詳しく見ていきますが、そうした変化を考慮すると、私たちが描くべき定年の姿とはどのようなものになるのでしょうか。

私は、その姿を「定年4・0」として、次のように定義しました。

- **定年4・0：リスキリングで現在の雇用に頼らない人生とキャリアを自ら創造する**

②定年4・0の時代に残る仕事と働き方

この定年4・0の時代に認識しておくべき労働市場の変化が、次に挙げた4つです。

- AIやロボットによる単純労働の自動化（ホワイトカラー含む）
- 慢性的な人材不足と雇用の偏在（都市と地方）
- 大きな労働移動の必要性（配置転換、副業、転職など）

・正社員からフリーランスへ（自分の雇用を自分で創出）

これらの変化の詳細については順にご紹介していきますが、マクロなトレンドとしては、テクノロジーの進化により、ＡＩやロボットが導入され、現在の仕事に必要なタスクの自動化が進み、人員削減に取り組む企業が出てきます。

一方で、少子高齢化が加速し、このままだと日本全体で慢性的な労働力不足が解消できる見込みはありません。そして現時点では、高齢者が就業可能な職種は極めて限定的で、介護、清掃、警備等、特に体力が必要な仕事が中心です。

こういった複雑な変動要素が絡み合う中で、突きつけられた現状をそのまま受け入れると、本人が望むと望まざるとにかかわらず、

「人材不足の分野の仕事しか高齢者には選択肢がない」

ということも大いにあり得ます。

止まらない人材不足の影響で、慢性的な低賃金だった分野での給与改善が進み始め

ていますが、定年前にもらっていた給与と同じレベルは望めない方も多くなるのではないかと思います。

なお、労働移動とは、経済学用語で、労働者が労働市場を通じ、部門間、組織間、産業間、地域間等で移動することを指します。わかりやすい例では、就職、転勤、転職などが一般的です。組織内外を区別する際に、組織内を「内部労働市場」、組織外を「外部労働市場」と呼んだりもします。組織内での配置転換は、内部労働市場における労働移動に該当します。組織外へ転職することは、外部労働市場への労働移動にあたります。ここでいう「大きな労働移動」とは、「組織内の成長事業」や「組織外の成長産業」への労働移動をイメージしています（第2章で詳述します）。

では、このような未来が迫る中、私たちは将来に向けてどのような対策を講じることができるのでしょうか。

③労働寿命と雇用寿命を延ばす必要性

２０２３年にＷＨＯが発表した世界保健統計において、日本は平均寿命、健康寿命ともに世界ランキング１位となっています。人生１００年時代、健康寿命が今後延びていくことを前提にするならば、生活する時間も、働くことが必要な時間も長くなると考えられます。

次に考えるべきは、労働寿命と雇用寿命について、です。あえてここでは２つを明確に分けて考えたいと思います。労働寿命は働くことができる時間、雇用寿命は企業などの組織に雇われる時間、を指すこととします。万が一、雇用されることが難しい場合でも、自分から個人事業主やフリーランスとして働くことができる場合は、労働寿命を延ばすことができます。

以上のことを考慮すると、究極的には、雇われることを前提にするのではなく、自分で自分の仕事を「創る」ことで、労働寿命を延ばす努力をすることが、今後安心して生活していくためには必要だと考えられます。

【2】定年後の限られた雇用機会

２０２３年12月にマンパワーグループが発表した「2024 Global Talent Shortage」によると、世界的に人材不足が広がっています。日本の組織の85％が人材不足で、この割合は調査した国の中で1番高く、世界平均の75％と比較してもより大きく顕在化している課題だと言えます。

ここからは、この人材不足と中高年の雇用の関係について見ていきます。

①少子高齢化と人材不足

リクルートワークス研究所が２０２３年3月に発表したレポート「未来予測２０４０　労働供給制約社会がやってくる」でも、２０４０年に日本では１１００万人の人材供給不足になると指摘されています。

世界各国の人材不足率

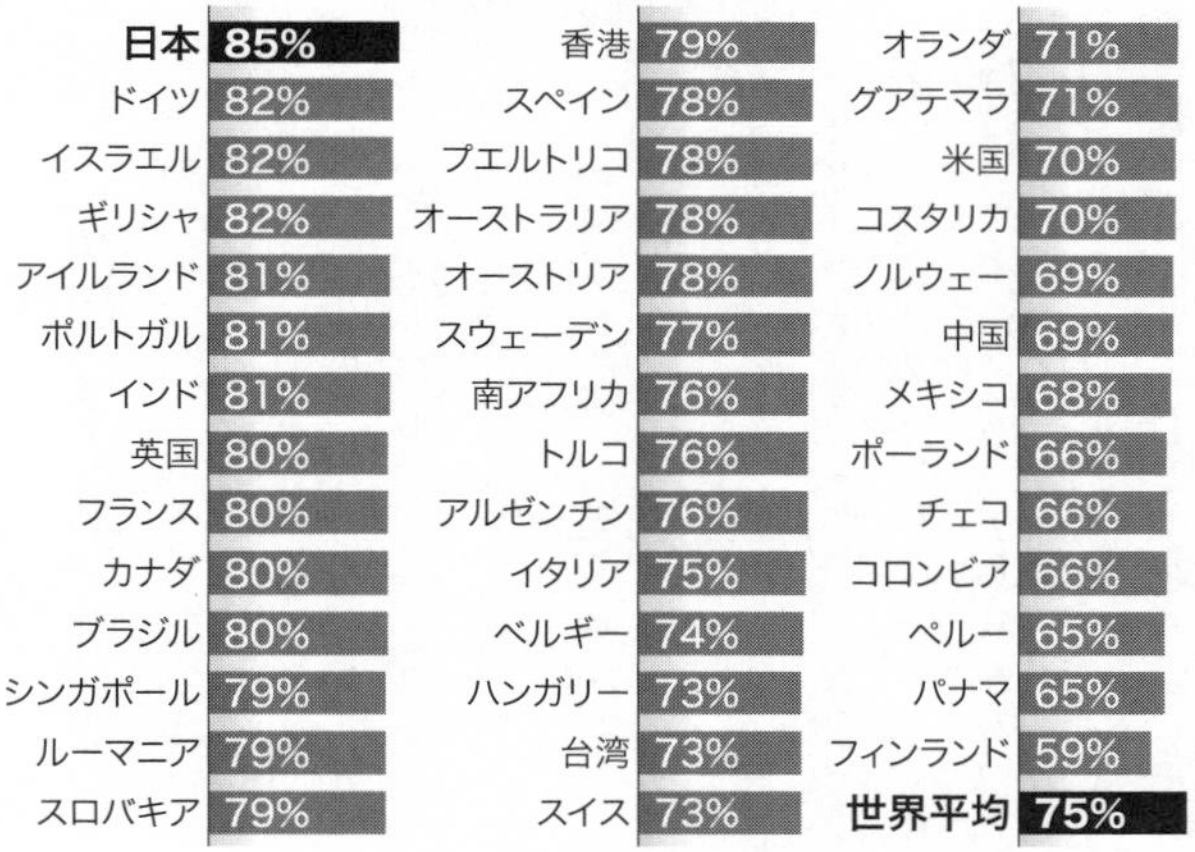

出典：ManpowerGroup「2024 Global Talent Shortage」

この情報だけを見ると、AIやロボットの進化によって仕事が自動化され、失業してしまうという心配はしなくてもよいのではないかという気もしてきます。究極の売り手市場で、前途有望な若者であれば、誰でも働きたい人は働ける、そんな安心で薔薇色（?）の未来が待っているというシナリオもあるのかもしれません。

しかし、シニア世代がそうした未来を実現するためには、自らも変化していく必要があり、そのために欠かせないのがリスキリングであるというのが、これから本書でお伝えしていきたいことです。

②60代、70代の求人情報のリアル

リクルートワークス研究所の研究員、坂本貴志さんのベストセラーとなった著書『ほんとうの定年後 「小さな仕事」が日本社会を救う』（講談社現代新書）では、データを元に定年後の実態について紹介されています。私自身、「老後資金2000万円問題」という報道に接して以来、本当に不安でしたが、この本を読んで、給与は下がってしまうものの、実は高齢者向けの仕事そのものはある、という事実を知り少し安心したことを記憶しています。

ただ実際に、現在の一般的な求人を検索してみると、60代、70代の方々に求められている年齢不問の求人案件は、社会インフラの維持を担う、いわゆるエッセンシャルワークが圧倒的に多いのが特徴です。介護、清掃、警備、建築、調理、販売・接客等の職種は、多少の地域差があるものの、全国的に多くの求人情報が掲載されています。

一方で、こうした職種で働くための必須条件は、体力があることです。机に向かって椅子に座っている仕事ではなく、一日中立ち続け、ときに重たいものを運び、下半

身に負担のかかる仕事は、慣れていない人には体力的にとても厳しい仕事です。一般的に、加齢とともに体力が低下している60代、70代に求められているのが体力を必要とする仕事というのは、本当に厳しい環境がこれから待ち受けていると言わざるを得ません。そのためにも、前述したように自分の健康年齢を維持するための努力をしておく必要があります。

③団塊ジュニア世代の定年後に起きる、新たな雇用獲得競争

団塊ジュニア世代とは、昭和46（1971）年〜昭和49（1974）年の第二次ベビーブームに生まれた世代を指します。特に、昭和48（1973）年の出生数は約209万人と、人口ピラミッド（世代別人口）の中で最も人数が多い世代です。

実は、私がまさに1971年生まれの団塊ジュニア世代の52歳（2024年現在）です。熾烈《しれつ》な受験戦争、バブル崩壊後の就職氷河期の第一世代でもあります。生まれてからいつの時代も常に競争を強いられてきたのではないかと思います。そして、このボリュームゾーンである団塊ジュニア世代が、これから役職定年や定年を迎えてい

日本の人口ピラミッド（2023年）

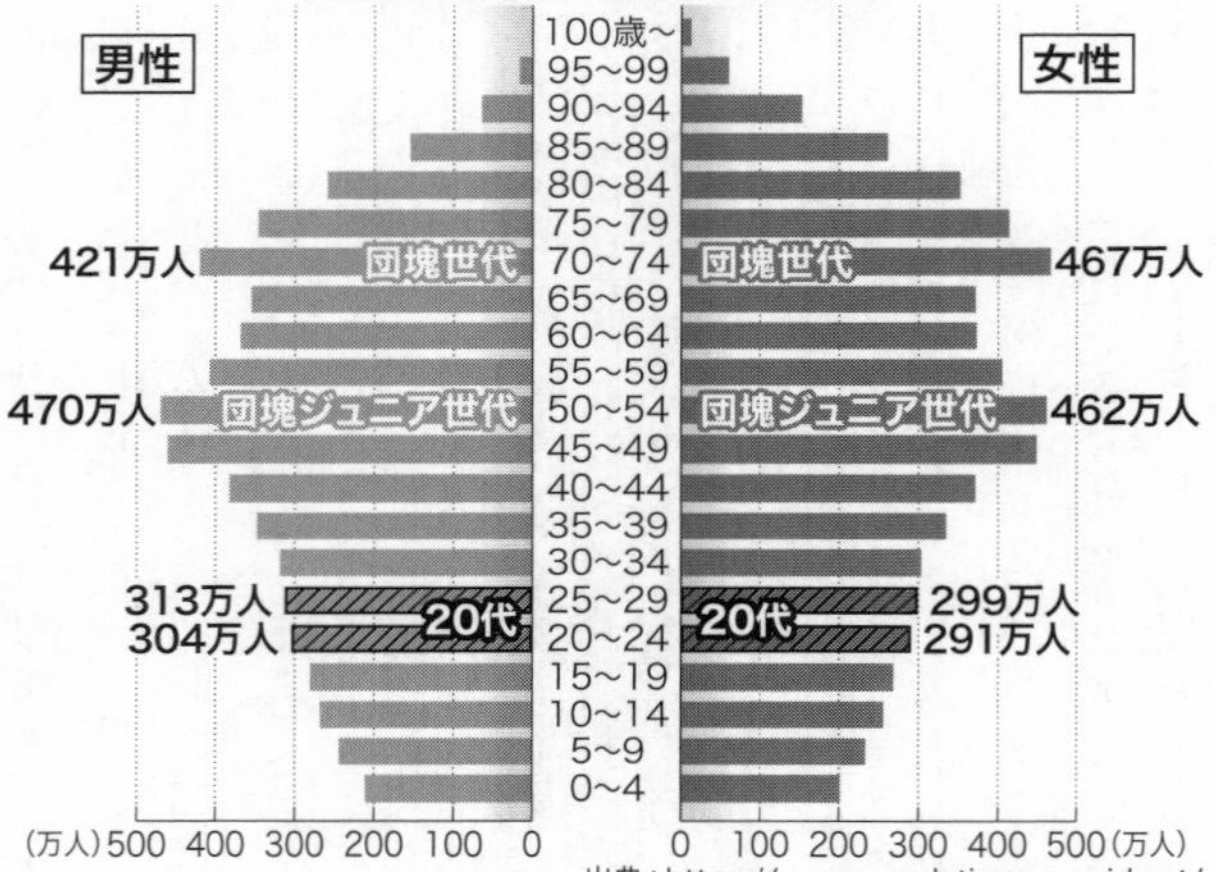

出典：https://www.populationpyramid.net/

きます。この人口分布はしばらく変化がないものとすると、定年後でさえ限られた雇用機会を獲得するための熾烈な競争が待っているのではないかと考えています。

もちろん、年齢性別に全く関係なく、スキルレベルに応じて平等に採用されるような世の中が今後実現できていれば、少しは楽観的な将来を描けるのかもしれませんが、年代別に用意されているポジションが従来と変わらないままであれば、おそらく私たちの世代は人数が多いがために、定年後も仕事に就くための生存競争にさらされるのだろうなと覚悟しています。

【3】急激なデジタル技術の進化がもたらす雇用削減と格差

新型コロナウイルス感染症の広がりの中でも経済活動を維持するための取り組みとして、日本でもデジタル技術の活用が進みました。生産性を上げ、より便利な生活や仕事環境を手にいれる上でも、デジタル技術は欠かせないものとなっています。一方で、デジタル技術が浸透すればするほど、課題も比例して大きくなっていきます。それが、「技術的失業」に関する問題です。

①2013年以来の技術的失業に関する議論の再燃

2013年9月にオックスフォード大学のマイケル・オズボーン准教授（当時）らが論文「The Future of Employment」で「今後10年から20年の間に米国の総雇用者の約47％の仕事が自動化され消失するリスクが高い」という衝撃的な推定を発表しま

した。

それ以来、「技術的失業」と呼ばれる、テクノロジーの導入によりオートメーション化が加速し、人間の雇用が失われる社会的課題についての議論が欧米では活発になりました。テクノロジーが浸透して世の中が便利になる一方で、人間の労働の自動化が進むことで、AIやロボットに人間の雇用が代替される未来が予見されるようになってきたためです。

❶6年前の予測が現実となった技術的失業

2017年2月に「MIT Technology Review」に掲載された記事では、世界最大級の投資銀行であるゴールドマン・サックスが金融取引の自動化を進め、最盛期の2000年には600名いたニューヨーク本社の株式のトレーダーは2名となり、全社員の3分の1がエンジニアになったことが紹介されました。このニュースは実際に起きた技術的失業のシンボリックな出来事として話題になったことを覚えています。

もちろん、日本でもこの技術的失業については一時期取り上げられましたが、デジタル化が進まなかった日本においては真剣な議論にならず、いつしか忘れ去れてしまった感がありました。ところが、それから6年が経過した2023年には、ChatGPTを中心とした生成AIの利用が本格化しました。そして、ChatGPTが、人間の質問に対して、ときに期待を上回る回答をしていく衝撃に、ついに日本でもこの技術的失業に関する議論が再燃し始めたように思います。

❷大規模な雇用削減に関する未来予測

ChatGPTがリリースされた2022年11月以降、さまざまな雇用削減に関するレポートが発表されています。

2023年3月に発表されたゴールドマン・サックスのレポートでは、「米国とヨーロッパの業務内容に関するデータを用いて計算すると、現在の仕事のおよそ3分の2が何かしらのAIの自動化にさらされており、生成AIが現在の仕事の最大4分の1を代替する可能性がある」「この計算結果から推定すると、全世界で約3億人分のフルタイムの仕事を自動化にさらす可能性がある」と示唆されています。

また、全世界に向けてリスキリングを定着させていくための活動もしている世界経済フォーラムが2023年5月に発表した「The Future of Jobs Report 2023」においては、今後5年間で新しいテクロノジーやグリーン分野で6900万件の雇用が新たに創出される一方で、経済的圧力と自動化によって8300万件の雇用が消失し、現在の雇用の2％にあたる1400万件が純減すると予測しています。

一方で、国連の専門機関である国際労働機関（ILO）が2023年8月に発表した研究成果では、ChatGPTのような生成AIツールは、雇用を破壊するのではなく、補完する可能性が高いと結論づけています。

一見相反するような内容に見えますが、実はどのような立場から考察するかによってすべて正解にもなり、場合によっては当てはまらないといった事態になるのではないかと考えています。これについては、253ページで改めて触れたいと思います。

❸生成AIの活用により、実際に始まった雇用削減への影響とは

2022年11月にChatGPTが公開されて以来、米国ではそれに対応するための雇用削減が急速に始まりました。大きく分けて2つの流れがあります。

ひとつは、大規模なビジネスモデルの変化やAI事業の変化に前もって対応するために行われる、方針変更に伴う既存プロジェクトの中止や部門廃止などによる雇用削

減です。もうひとつは、実際に生成ＡＩを業務で活用し、人間が担ってきた職務を代替するために雇用削減に踏み切るパターンです。

例えば、ＡＰ通信によると、Ａｍａｚｏｎは、２０２３年11月に、ＡＩアシスタント商品「Ａｌｅｘａ《アレクサ》」のチームにおいて、今後生成ＡＩのプロジェクトに資源を投下するために数百のポジションを削減する旨を従業員へ通知したとのことです。同様の動きがシリコンバレーのテック企業にも広がっています。米国のアウトプレースメント（再就職支援）企業であるチャレンジャー・グレイ・アンド・クリスマスは２０２３年5月、米国企業でＡＩを原因として解雇された人が３９００人であったことを明らかにしています。

２０２３年5月、米国ＩＢＭのＣＥＯアービンド・クリシュナ氏は、ＡＩによって代替可能な業務を見極め、人間がやるべき仕事とＡＩに任せるべき業務を判断するまで、人事などのバックオフィス部門における採用を一時停止、もしくは採用ペースを落とすと発表しました。また今後5年間で、顧客と接しない2万６０００人の従業員の30%にあたる７８００人がＡＩや自動化によって取って代わられると、Bloombergのインタビューに答えています。

このように、生成ＡＩ含むテクノロジーの進化により、ホワイトカラー人材の余剰が本格化し、自動化による効率化が進むことで、技術的失業が現実となってきています。

雇用削減が加速する未来を予測する報道も増えてきました。２０２３年5月のウォール・ストリート・ジャーナルの「消滅しつつあるホワイトカラーの仕事」という記事では、多くの企業でホワイトカラーの人員削減が始まったことに加え、その雇用は元に戻らないと考えている経営者のコメントが紹介されています。例えば、Ｆａｃｅｂｏｏｋを運営するメタ・プラットフォームズのＣＥＯマーク・ザッカーバーグ氏は、「メタが実施した新たな人員削減の後、従業員に対して、新しい技術によって同社がより効率的に運営できるようになるため、多くの雇用は戻らないと伝えた」とのことです。

❹日本で技術的失業は起きるのか？

すでに海外では、ヘルスケア、金融、会計、法務等、さまざまな業界や職業に特化した生成ＡＩサービスがすごい勢いで誕生しています。これは英語で「Vertical AI（垂直型ＡＩ）」と呼ばれ、２０１９年頃からさまざまな業界や職種に特化した米国のスタートアップが次々と生まれていった流れを汲《く》んでいます。

そういった生成ＡＩサービスが皆さんの働いている組織で導入され、そしてサービスのレベルがどんどん進化していくと、どういう事態が起きるでしょうか？　特にアナログな事務作業的なタスクが自動化され、従来の業務を遂行するスタッフの数が少なくて済むようになります。外資系企業などではまずヘッドカウント（従業員数）を減らしていきます。つまり、リスキリングをせずに従来型の仕事をそのまま継続していると、この業界・職種特化型の生成ＡＩの影響をもろに受けることが予想されます。

日本では少子高齢化とともに人材不足が続くため、こうしたＡＩの影響による技術的失業は起きないという考え方もあります。しかし、三菱総合研究所の調査データでは、２０３０年に事務職は１２０万人過剰になるとの予測が出ています。これは２０１８年７月に発表された研究結果で、生成ＡＩの利用が加速する以前のものですので、実際はもっと事務職の余剰人員は増えるのではないかと、私は見ています。ホワイトカラー分野の仕事については、AIの導入による技術的失業は、日本でもやはり現実のものとなるのではないかというのが、私の予測です。

一方で、主に、物流、建設、土木、介護、福祉、接客といった分野で私たちの生活を支えるインフラ関連の職業などでは、すでに需給ギャップが顕在化し、著しい人材不足が発生しています。そのため、事務職などで働いていた人は、本人の意思にかかわらず、人材不足の業界への転職を余儀なくされるといった事態も考えられます。その対策については後述します。

❺AI社会の到来がもたらす創造的「雇用」破壊に備える

経済学者シュンペーターが提唱した「創造的破壊」という概念についてはご存知の方も多いかと思います。資本主義経済が常に進化し、新しい市場や新しい技術が古いものを置き換えるというプロセスを指しています。新しいイノベーションが生まれることで既存の構造を破壊し、取り替え、無効化するわけです。

AIの導入によって大きな創造的破壊が産業界に起きようとしている中、新たな価値を生み出し、生産性の向上をもたらすために、人間の雇用に関しても、実は、創造的「雇用」破壊が進んでいると、私は考えています。

テクノロジーの進化のスピードが早すぎるため、雇用については破壊（雇用削減）が先行して進み、人間のスキル習得が追いついていない状況がしばらく続くのではないかと思います。さらに、AIは、学習を繰り返していくことで、これから未曾有の発展を遂げていきます。

AIの導入によって雇用の在り方や仕事の進め方が変わり、新しいスキルが求められ、現在持っているスキルの中で通用しなくなったものをリスキリングによって入れ替える必要性が生じているのです。

②定年後にホワイトカラーの仕事に就くために必要なこと

前述した技術的失業が加速度的に進むと、圧倒的に事務職を前提としたいわゆるホワイトカラーの仕事が自動化されていきます。一方で、少子高齢化が進んだ中で想定される労働供給制約社会においては、エッセンシャルワーカーの人材が圧倒的に足りない状況が続きます。

こうした状況下で、定年後もホワイトカラーの仕事で働き続けたい方にとって必要なことをここで整理しておきたいと思います。

❶自分自身をリスキリングし続けるスキルが必須

まず、現在ホワイトカラー人材の方がホワイトカラー分野の仕事に就き続けるためには、何といっても、「自分自身をリスキリングしていく」スキルを持っていることが重要です。

例えば、大企業で役員まで上り詰めた経験がある有名経営者の方であれば、顧問やアドバイザー、社外取締役といった毎月定期収入のあるポジションに就くことができるかもしれません。しかし、定年や引退した時点での実績や、その当時のままの知識やスキルのお釣りで食べていけるような方はごく稀《まれ》な存在になっていくと思われます。

多くの方々は、次々に新しく生まれてくるテクノロジーなどによる外部環境の変化、海外から輸入されるビジネス上の新しい習慣に合わせて自分の価値観や働き方を時代に適応させ、学び続ける必要があります。まさにそれが「自分自身をリスキリングし続ける」スキルです。デジタル分野などの成長分野においては、これからも新たな仕事が生まれ続ける可能性があり、リスキリングを行うことで変化に上手に対応していくことができます。

❷デジタル分野の人材不足は高賃金を得る究極のチャンス

少し古い調査ですが、2018年に経済産業省が発表したレポートには、2025年以降にIT人材不足が大きな経済損失を引き起こす可能性があるという予測が出ていました（いわゆる「2025年の崖」）。加えて、みずほ情報総研による2019年の調査では、2030年には約79万人（高位シナリオ）のIT人材が不足すると試算されていました。これはChatGPTなどの生成AIがリリースされる前のものでしたので、ここ数年間の実際の動きについては今後注意が必要だと思います。

一方で、依然として全世界的にIT人材の給与は高騰している状態です。日本でも、外資系人材紹介会社のマイケル・ペイジが発表した2022年の年収調査によると、外資系に転職をしたIT分野の平均年収は1113万8000円でした。日本全国の平均年収408万円と比較すると際立って高いと言えます。ただ、残念ながら諸外国と比較すると日本のデジタル分野の給与は相対的にかなり低い状態が続いています。

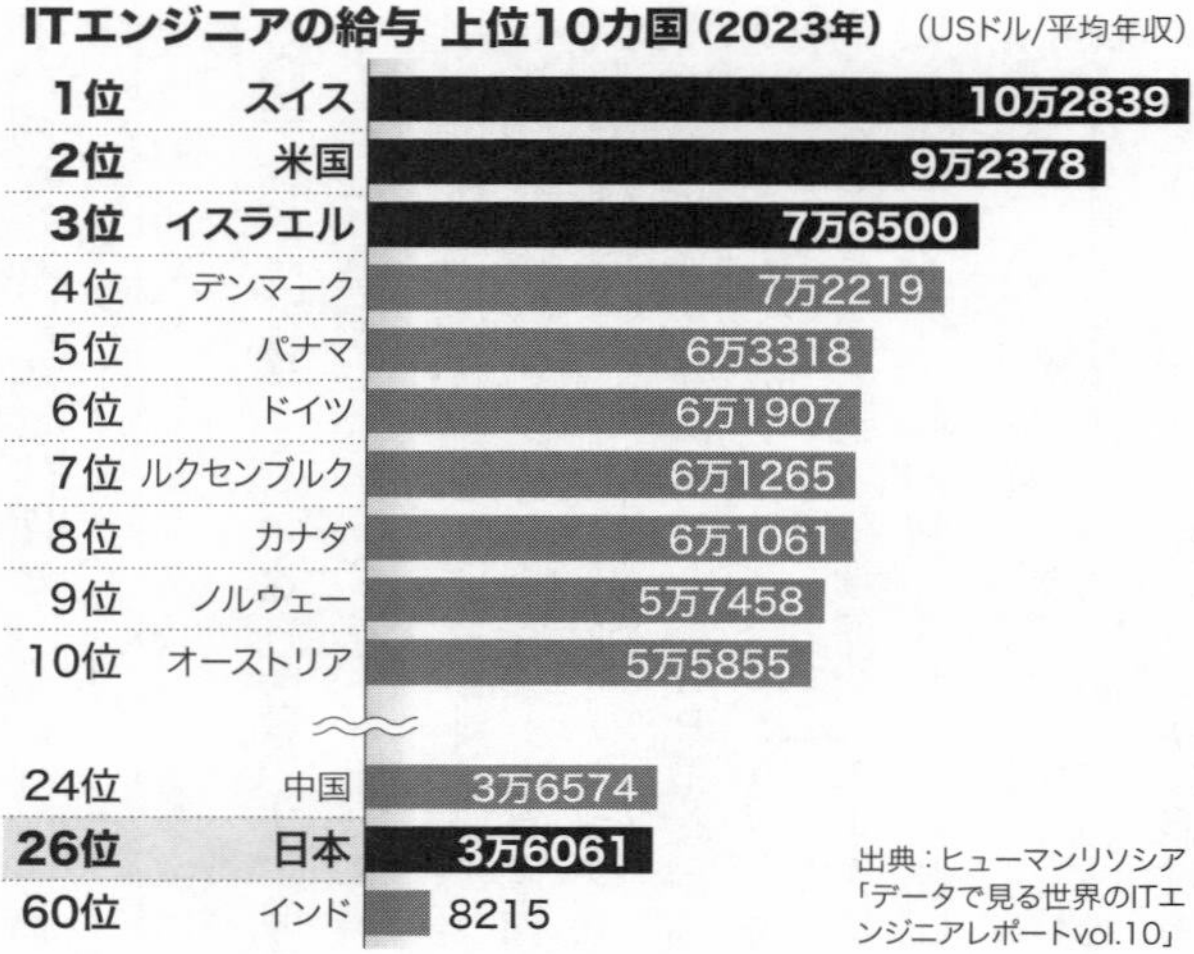

出典:ヒューマンリソシア「データで見る世界のITエンジニアレポートvol.10」

また、総合人材サービス会社のヒューマンリソシアによると、２０２３年のＩＴエンジニアの給与トップはスイスで10万２８３９ドル、2位は米国で９万２３７８ドル、日本は３万６０６１ドルでなんと26位です。同じ仕事をするにしても、日本では給与がスイスやアメリカの４割以下ということになります。

リスキリングに早くから取り組み、デジタル分野でキャリアを積むことができれば、定年後にも、人材不足のデジタル業界で高賃金を得ながら活躍できるチャンスが広がる可能性があると考えられます。特に、デジタル分野の仕事はリモートワークとの相性もよく、働き方も自由に選べるのではないかと思います。また、個人事業主（フリーランス）として活躍できるレベルになれば、複数の案件を抱えることも可能であり、選択肢を広げることができます。リスキリングに真剣に取り組むことが条件ではありますが、デジタル分野については、今後、年齢不問のスキルで勝負できる分野となっていくと考えられます。

③人材が不足している分野で働くための準備

一方で、現時点でも人材が不足している分野は、定年後のキャリアとして今後積極的に検討すべき選択肢ではないかと思います。また、社会全体としても、人材が不足して困っている分野への「必要とされる」労働移動となります。第2章で説明しますが、介護分野などで働くためのリスキリングはまさに求められている、と言えます。

❶3つのリスクに備える

ただし、そのような分野への労働移動には、オフィスワーカーとして働くのとはまた違ったハードルがありますので、それらをここで整理しておきます。

まず、気力の問題です。加齢を経ても気力がみなぎっているシニアの方を除き、一般的には働くことに対する気力が低下していく傾向にあります。

続いて、体力の問題です。健康寿命を前提に労働寿命を延ばしていくためには、当然のことながら体力が大きなカギを握ります。特に、肉体労働を前提とした分野の仕事に移っていく場合は、とにかく体力面での早期からの事前準備が必要となります。

どちらも、現在の自分ではなく、例えば気力と体力が3割減少した未来の自分を思い描き、やりたいと思える仕事かどうか、適性を丁寧に考える必要があります。

例えば、コミュニケーションが得意なほうなのに、人と話す機会の少ない、単純作業を中心とした仕事をせざるを得ないといった場合は、モチベーションを維持することなどが極端に大変になっていきます。また、都市部の大企業で働いていたホワイトカラー分野の方々の場合、周囲からの視線や評価を気にするがゆえに、現実を受け入れることが難しく、やる気が著しく低下してしまうことも考えられます。

加えて、給与の問題もあります。エッセンシャルワーク分野の仕事は、人間が社会生活を営んでいく上で不可欠な仕事であるにもかかわらず、現時点では著しく時間あたりの賃金が低いことが問題となっています。人材不足やインフレの影響もあり、数年前より賃金上昇が見られる分野もありますが、依然として低水準であることには変わりがありません。

定年後の生活資金に余裕がある方が、社会への継続参加を目的とした就労を志す場合は、給与低下についてはそこまで問題にならない可能性もあります。しかし、定年後の生活資金を維持するために働かなくてはいけない場合、著しい給与低下が見込まれる分野で働き続けるには、生活コストを下げる、仕事を掛け持ちする、といった対策を講じる必要が出てきます。

❷「デスクレステクノロジー」が未来を築く

特に、3つ目の低賃金については、個人の意思とは関係なく、社会全体として考えていかなくてはならない課題ですが、私が今注目しているのが「デスクレステクノロジー」と呼ばれる分野への投資です。

ここ数年、新型コロナウイルス感染症による影響もあり、リモートワークができる職種へのデジタル分野の投資は大幅に進みました。その一方で、机に向かって仕事をしていない現場で働く職業（デスクレスワーカー）への投資は相対的に遅れていると言えます。このデスクレスワーカー向けのデジタル技術は「デスクレステクノロジー」とも呼ばれていて、例えば、倉庫での棚卸しをスマホ片手に行えるようにする技術などがこれにあたります。今まさに、この分野へのテクノロジー投資を進めていくことの重要性が明らかになってきていています。

例えば、すでに介護ロボットなどの技術が知られていますが、現場での導入は思うように進んでいるとは言えません。その原因をここで分析することはしませんが、課題があるということは、そこにビジネスチャンスがあるということでもあります。今後そのような分野への投資がさらに進み、課題解決が図られていけば、定年後の気力や体力の低下をテクノロジーで補いながら、働き続けることが可能になっていくかもしれません。また、そのような取り組みによって生産性が向上すれば、利益率が改善し、エッセンシャルワーカーの処遇改善につながっていくことも期待できます。

加えて、個人としても、リスキリングを通じてデジタル分野の知見を身につけ、特にこのデスクレステクノロジー分野に精通することができれば、エッセンシャルワーク分野で働くデジタル人材として今までとは異なるタイプの労働移動を実現できるようになるかもしれません（新たな分野への労働移動の実践方法については第2章で解説します）。

2. AIリストラに備えよ！

【1】組織の変化に伴う必然的な個人の働き方の変化

急速に進むAIによる産業構造の創造的破壊に対応するため、各企業は「組織における変革（チェンジマネジメント）」を推し進める必要が出てきています。例えば、最近よく耳にするデジタル・トランスフォーメーション（DX）というのは、デジタルを活用してビジネスモデルを大きく変革させるチェンジマネジメントの取り組みであると言えます。

チェンジマネジメントを推し進める手法として、ハーバード・ビジネススクールのジョン・コッター名誉教授が提唱する「変革の8段階のプロセス」や、ADKAR《アドカー》モデルなど、さまざまなフレームワークがありますが、組織の変革のためには、個人の変革が欠かせない要素となっています。

①組織のチェンジマネジメントとリスキリング

大規模な事業転換のタイミングを迎えている自動車業界は、まさにチェンジマネジメントが進んでいる業界で、リスキリングの実施が急務となっています。

例えば、今後自動運転の技術がさらに進化し、レベル5（完全自動運転が実現できるレベル）に到達した場合、当然多くのドライバーの仕事がなくなっていくことが予想されます。現在、トラック運転手の人材不足が続いていますが、現在を過渡期だと考えると、いずれ自動運転でカバーされるようになっていくのかもしれません。昔は馬車が交通手段だったわけですが、自動車の普及により、馬による移動は急速に衰退しました。現在における馬による移動と言えば、競馬と乗馬など趣味の世界で行われる程度になりました。飲酒運転や居眠り運転による事故を防ぐために、人間による運転が将来禁止されるだろうという議論も一部では起きています。仮にそうなった場合、人間が運転できるのは、競馬や乗馬と同じように、趣味の世界に限られ、レース場だけになるといったことも考えられます。

このような状況下で、「馬車の仕事をしたい」「ドライバーの仕事をしたい」と従業員が希望しても、会社にはそのポジションがなくなっています。そのため、結果的に、会社が新しく目指す事業方針を実現していくためのリスキリングをやるのか、やらないのか、という大きな決断を働く個人が迫られるようになっていくのではないでしょうか。

ある自動車メーカーを退職された方から伺ったお話です。この会社ではEV化に向けて早期退職制度を運用し、多くの方が退職していました。会社からEVシフトするためのリスキリング環境の提示があったそうなのですが、その方はそれを断り、自分から早期退職制度に応募し、退職されたのです。理由を聞いたところ、「自分は従来の内燃機関の車の仕事がしたい。EVなんかには関わりたくない。あれは車ではないから」とおっしゃっていました。すごい覚悟、意思決定だと、私は感じました。その後、再就職にとても苦労されていると伺いましたが、自分の気持ちに正直に下した決断です。

今後、あらゆる業界でこういった大規模な事業転換が起きていくことが予想されます。そして当然のことですが、会社の事業転換の方向性が決まった際に、現在の従業員に対するリスキリングだけで戦略実行のための人員が賄えないのであれば、「①日本国内の優秀な即戦力を外部から採用する」、「②グローバル化するとともに外国人人材採用を加速する」ということも視野に入ります。

そのような現実もふまえた上で、現在所属している組織が事業転換をしていく際には、新しい事業戦略を受け入れてリスキリングするのか、しないのか、という決断を従業員がすることになります。

②「人的資本投資」と求められるリターン

こうした大きな事業転換に伴う組織変革を進めていくために注目を集めているのが、「人的資本投資」という新たな概念です。大改革を進めていくためには、人に投資をしないといけないと新たに気づいたのです。これは働く個人としては、自己負担ではなく、組織が自分の成長のため、リスキリングを推し進めるために投資をしてくれるわけなので、喜ぶべき流れだと思います。しかし一点気になるのは、これは「投資」である、ということです。

企業が人的資本投資というからには、投資のリターンを今後皆さんに求めるはずです。企業は事業成長の原動力として人的資本に投資を行い、社内で成長事業を創り出し、業績の向上を目指します。投資の結果として、ROI（投資収益率）を高めていく必要があるのです。一方で、従業員はその投資の結果、生産性や業績の向上に貢献することが求められます。人的資本に企業が投資をするということは、従業員からのリターンを求める期待値とセット、ということなのです。

投資に対しリターンがない場合、どうなるのでしょうか。通常、株式等における投資市場の場合であれば、それでも我慢強く辛抱し続けるか、損切りをするのが一般的です。

人的資本投資の場合はどうでしょうか。活躍し組織に収益をもたらし、貢献する人材になるまで我慢強く待ってくれる組織もあるかと思いますが、損切りをするのであれば、例えば配置転換もあるかもしれません。市場原理に則《のっと》れば、雇用形態によっては、最悪の場合、解雇や契約解除ということも考えられるかもしれません。現在の法制度に則ればこのようなことが起きる状態ではないと思いますが、投資される側の立場としても、「リターンは何か?」、つまり「組織やチームへどのように貢献するのか?」ということは考える必要があるかと思います。

従業員の中には、自分はリスキリングなどやりたくない、という意思表示をする方も出てくるとは思います。しかし、企業側の論理をふまえれば、そういう従業員向けのジョブが用意され、場合によっては、キャリアパスの選択肢が限定的になったり、賃金上昇のスピードがゆるくなったり、雇用形態が正社員から契約社員に切り替わるなど、労働環境が悪化する可能性もあります。

いずれにせよ、今後、組織変革を迫られた企業は、リスキリングを通じて成長事業分野で活躍すべく適応しようとする人たちに投資をしていく方向にシフトしていくのではないかと考えられます。当然、リスキリングにやる気のある従業員への処遇も高くなっていきます。加えて、人的資本投資の対象は現在の従業員のみに留まらないので、前述のように国内の優秀な即戦力を外部労働市場から調達(採用)し、また外国人材採用への投資を加速していくことも考えられます。

③自分の働く組織を見極める

こうした背景がある中、働く私たちは、自分が働いている組織がどんなリターンを期待しているのか、冷静に見極める必要があります。組織が行っているのが、人的資本「投資」なのか、人的資本「融資」なのか、人的資本「預金」なのかの3つに分けて考えてみたいと思います。

❶人的資本「投資」型組織

お金を投資するときと同様に、人的資本「投資」型組織では、企業は従業員にリターンを期待します。従業員に先行投資を行い、多様な人材が育っていきます。人的資本投資の結果、成長事業が育ち、利益を生み出し、再投資することが可能になる好循環が続きます。

人的資本投資型組織では、組織と従業員がウィン・ウィン（win-win）かつ対等な関係を築きやすいため、自分に投資をしてくれた組織に残って、積極的な恩返しをしたいという意欲やエンゲージメント（組織に貢献しようとする意識）が高くなります。

❷人的資本「融資」型組織

投資ではなく融資になるので、人的資本「融資」型組織では、利息付きで返済を強要されることになります。いわゆる組織への「ご奉公」が強要されるのです。例えば、強制的な転勤を受け入れる必要があります。転職すると、「裏切り者扱い」となります。この人的資本融資型組織がMBA留学などで海外派遣を行うと、帰国した従業員が転職してしまい、費用の返済で揉めることになります。

また、人的資本融資型組織では、仕事をサボるという粉飾決算が横行しやすく、与信評価が下がって融資ができないと判断されると、融資枠（給与）の減額が行われます。

❸人的資本「預金」型組織

人的資本「預金」型組織は、投資も融資もしない組織です。働く個人が自分の人生やキャリアを組織に預けっぱなしになり、組織側も給与も上げずに人材を囲い込み、結果的に人材の相対的価値の下落を招き、デフレ組織になります。

また、人的資本預金型組織では、従業員たちが組織にキャリアを「預けっぱなし」にしてしまう結果、人材が「ゾンビ化」し、「働かないおじさん」現象を引き起こします。やる気のある従業員の場合は、自分を預けていて「新しいスキル」という利息がつかないなら、撤退、引き上げるという決断をする傾向が強く、人材の流出につながります。

古き良き高度経済成長期の昭和時代の日本においては、人的資本「融資」「預金」型組織が機能していたのかもしれません。しかし、人的資本融資型組織では人材が疲弊しやすく、人的資本預金型組織からはやる気のある人材が流出していきます。働く個人としては、人的資本である自分の人生を会社に預けっぱなしでは、これからの時代、本当にキャリアが危うくなっていきます。

④スキルは貨幣と同様の価値を持つ時代へ

ついに、日本でも終身雇用を前提としたメンバーシップ型雇用からジョブ型雇用への移行が始まりました。ジョブ型雇用は、職務内容（ジョブ）を職務記述書（ジョブ・ディスクリプション、略してＪＤ）に明確に記載し、必要なスキルや経験を持つ人がそれぞれのジョブを担っていくことになります。企業にとってはさまざまなメリットがありますが、働く個人にとっては、現在の働き方のままでは雇用の維持が難しくなっていくとも言えそうです。

さらに、米国などでは、ジョブ型雇用から「スキルベース雇用」への移行が始まっています。これは、スキルを起点（ベース）に雇用を維持していく仕組みのことです。

ジョブ型雇用においては、社内の仕事が職務記述書に基づいて整理されています。しかし、急速な外部環境の変化によって、求められる働き方やスキルが変わってきている中、対応ができなくなってきているのです。そこで、ジョブをスキル単位に細分化し、社内の中に足りないスキルは何かを明らかにした上で、外部労働市場から人材を採用する、または、社内の従業員に新しいスキルを身につけてもらうことで、社内に足りないスキルを充当するといった、スキルベース雇用に注目が集まっているのです。

スキルベース雇用が現在注目されるもうひとつの理由は、新型コロナウイルス感染症の影響から急速に回復した労働市場では、空前の人材不足が世界中で起きていることです。以前であれば、学歴重視で4大卒を条件としていたような大企業でも、大卒の条件を廃止して、スキルを評価して採用することで、今まではアプローチできなかった人たちを取り込み、人材不足の解消に取り組むといった新しい慣行が始まっています。

例えば、従来の求人票の募集要項に書かれている人物像や必要となるスキルセットには、「こんな完璧な人はいない!」というものも多くあります。その記載内容に基づいてすべてのタスクをこなせるだけの完璧なスキルセットを持っている人を採用するのはなかなか難しいという現実があります。ところが、社内で新しく必要になっているスキルが判明していれば、そのスキルを高いレベルで持っている人にアプローチをすることができるようになるわけです。

こうしたスキル中心の雇用システム（スキルベース雇用）に移行していく中、「Skills as a New Currency（スキルは新しい貨幣）」といった言葉も頻繁に見かけるようになりました。「スキルは雇用維持のための重要な通貨となる」という意味です。まさにリスキリングに取り組むことで、流通価値の高いスキルを新たに身につけることによって、そのスキルが貨幣のような役割を果たしてくれるのです。

【2】待ち受ける雇用環境の悪化

組織に雇われるという選択をしている方々を加齢とともに待ち受けているのが、ネガティブな雇用環境の変化です。遭遇する可能性のある事象を時間順に簡単に整理してみます。

①早期・希望退職（40代〜）

まず、40代から対象となる可能性があるのが、早期・希望退職の制度ではないでしょうか。早期退職と希望退職の線引きが曖昧な場合もありますが、厳密に言うと、早期退職は、組織が福利厚生目的も含めて用意している人事制度で、働く個人が自ら利用を希望するものを指します。一方、希望退職は、人件費削減を目的として、会社が一時的に募集するもの、という性質の違いがあります。ただ、組織からの退職勧奨などがあった上での自己都合退職、会社都合退職など、グレーな部分も実態としては多くあります。

早期・希望退職制度においては、退職金の割増があることが一般的で、キャリアプランによっては、早めに住宅ローンの返済をして新たな人生に挑むといったことも可能ではあります。しかし、割増があるといっても限りがあり、早期・希望退職制度を活用してポジティブな結果が期待できる人は、次に挙げた両方の選択肢を兼ね備えている人、もしくはすでに資産があってリスクを取れる方のみではないかと思います。

(a) 明確なキャリアプランがある人（個人事業主、起業等含む）
(b) 転職しても収入が下がらない、もしくは上がる人

会社からの強硬な退職勧奨があって、退職せざるを得ない環境にあるなどの場合はここでは除きます。30代のうちに明確なキャリアプランに沿ってスキルを習得しておけば、早期・希望退職をポジティブな契機と捉えることができます。

しかし一般論で考えると、今働いている組織でそのまま働き続けたいと考えて、会社の方針に従い、上司の言うことを聞いて毎日仕事をしている方に、退職勧奨を含めて突然降ってくる場合が多いのが、この早期・希望退職制度なのではないかと思います。

②役職定年（50代〜）

東洋経済新報社の調査によると、現在上場企業の40・5％において役職定年制度が

運用されています。また、公務員についても、2023年4月に役職定年制度が導入され、原則的に60歳で役職定年となることが決まりました。役職定年の制度が導入された背景には、段階的に進めている定年の延長があります。

高齢化の中、人件費を圧縮するための措置として理解できる部分もありますが、働く一個人として考えれば、役職定年は明らかな年齢差別であり、同じ仕事を担当していて、能力も劣っていないのに、年齢だけを理由に一律に役職を外され、例えば給与が3割、4割下がるといった事態はおかしなことです。

諸外国においては年齢による雇用に関する差別を禁止している国も多くあります。日本においても、役職定年を廃止する動きも出てきていますが、その見返りとして、年齢と関係なく成果が求められる厳しい雇用環境への対応が求められることになります。前述してきたような外部環境の変化、特にデジタル化が進んでAIが事務作業などを行えるようになる時代には、組織の中で求められる役割が急速に変化していきます。この変化に対応できる人――つまり、リスキリングして新たに求められるスキルを身につけていくことができる人――に対しては、年齢ではなく、個々の姿勢や能力によって今まで通りの働く環境があって然るべきです。一方で、年齢を理由にリスキリングすることを拒むといったことになると、「これからの時代変化の中で、あなたは不要です」と言われてしまう要因を自ら作ってしまうことになるのです。

組織によって異なるものの、一般的に55歳から役職定年を開始する企業が多いようですが、この役職定年をどのように捉えるかについては、個人差があるように思います。自分が働いている会社が好きだったり、やりがい、仲間などに満足している場合、役職を外され、給与が下がっても会社に残りたいという方も、一定数いるのではないかと思います。また、満足していないにもかかわらず、もうしょうがないことだから、と完全に諦めてしまい、ただただ定年になるのを待っている人もいると聞きます。

多くの方にとっては、望まない仕事で役職定年となり、さらに給与減少、そのまま会社に残るということはこれからの人生にとって大きなリスクではないかと私自身は思います。自分の残りの人生を自分でコントロールするためにも、リスキリングに取り組んでいただきたいのです。

③定年・再雇用（60代〜）

企業などが独自に取り組み、法律で規定されていない役職定年とは異なり、定年は明確に「高年齢者雇用安定法」によって定められています。

かつては55歳定年が主流でしたが、1986年の「高年齢者雇用安定法」施行によって、60歳定年が努力義務になり、1998年には義務化されました。それ以降、60歳定年が社会的に定着しますが、2012年の同法の改正（施行は2013年）で希望者全員の65歳までの雇用確保（定年延長、継続雇用など）が義務化されます。公務員についでは、2023年4月より60歳だった公務員の定年が段階的に65歳に引き上げられることが決まりました。さらに、2021年の高年齢者雇用安定法改正によって、70歳までの就業機会の確保が企業の努力義務となりました。現時点では、この70歳というのが一つの指標になっています。

しかし今後、高齢化が進んで高齢の生活困窮者が急増すると、定年延長がさらに進む可能性もあるのではないかと思います。2022年4月には、老齢年金の繰下げ受給の上限年齢が75歳まで引き上げられたことを考えると、75歳はまだ働くことができるという一つの期待値なのではないかと思います。今後、定年が75歳に引き上げられるという可能性もこれから否定できません。

何をお伝えしたいかというと、定年が75歳ということは、例えば現在50歳であれば、まだ25年も働く人生があるということです（もちろん、働く必要がなく引退できる方は除きます）。前述した役職定年に加え、定年後の再雇用の場合にも大幅な給与削減があります。

ただし、役職定年のときと一点異なるのは、退職金制度は日本の大半の企業で導入されていますので、多くの方には退職金が支給されるということです。退職金の金額の大小は人によって異なりますが、当然、退職金が支給された後の人生設計をどう考えるのか、というのが大切になります。住宅ローンの繰上げ返済などに充当する場合には、生活していくためにも働き続ける必要がある方も多いのではないかと思います。

65歳からは毎月老齢基礎年金を受け取ることもできますが、２０２４年現在、満額でも月額７万円弱です。老齢厚生年金を受給できる方の場合はもちろん受給額が増えますが、病気や突発的な事故などに対する備えも考えると、定年後も働くことを前提に人生設計しておくと安心です。

そして、現在の勤務先で定年を迎え、嘱託社員として再雇用という立場になることについては、人によって相性があるのではないかと思います。今までと同じ会社で働けることは大きな環境変化が少ない可能性もあり、安心な面もあります。年収は下がるものの仕事はあるというのは安心材料ですが、年齢という理由だけで年収減少という運命を受け入れるのか、それとも前もって準備をすることで、自分のやりたい仕事を60代でも、70代でもできるのか。それはこれからの準備次第です。また、役職定年と同様、今までは自分の部下だった世代の人たちを上司に持ち、働く状態に耐えられるのか、快適に働くことができるのか、もよく考える必要があります。

私自身は40代のときに、「職場のお荷物扱い」を何度かされたことがあるため、もう二度とそのような経験はしたくないという思いから、思い切ってリスキリングに取り組みました。これからの人生を人に迷惑をかけない形で、自分でコントロールしていきたいと考える方には、まさにリスキリングが必要となるのです。

【3】組織からの「ダブルバインド」なメッセージにどう向き合うか

今、多くの組織や企業の人事担当者とお話をしていて思うことがあります。それは中高年の在り方に対するダブルスタンダードが存在しているということです。

①組織視点では成立するダブルスタンダードな方針

まず組織が発信しているメッセージは、「もうそろそろあなたのこの組織における寿命は終わりですよ」というものです。40代後半から始まる通称「たそがれ研修」に始まり、早期退職、役職定年、定年、再雇用という一連の流れが用意されています。一方で、多くの人事部の方がおっしゃることは、「うちの会社のベテラン世代は新しいことを全く学ばないんですよ。どうしたらいいでしょうか」というものです。つまり、組織で働いている以上、新しいことを学びなさい、ということです。

組織の人事担当者視点で考えると、この2つのメッセージは全く別物であり、共存しうるダブルスタンダードなわけです。組織にいる以上、退職に向けて最終局面にいるものの、最後まで頑張りなさい、というものです。

しかし、この2つの基準を働く私たち、個人の視点で考えてみるとどうでしょうか。「長く働いてくれてありがとう、お疲れ様、もう引退に向けて準備が必要ですよ」というメッセージと、「頑張って新しいことを学んでリスキリングしないとダメですよ」というメッセージは、矛盾しているように受け止められるのではないでしょうか。

②個人視点ではどうすべきか迷うダブルバインドとは

ここで考えたいのは、この矛盾する2つのメッセージが、心理学でいうところの「ダブルバインド」になっていないか、ということです。

ダブルバインドとは、英国の人類学者グレゴリー・ベイトソンが提唱した理論で、2つ以上の相反するメッセージを受け取ることで起きるコミュニケーションにおけるジレンマのことを指します。例えば、上司から「いつでも質問して」と言われたにもかかわらず、実際に質問に行ったところ「それくらい自分の頭で考えろ」と言われてしまい、今後はどうすべきなのか迷ってしまうような状態が、仕事上で起きるダブルバインドな状態です。

さまざまな国の企業や組織の方々と一緒に仕事をしてきて感じるのは、おそらくどこの組織でも特有のダブルバインドが存在しているということです。例えば、人種差別や男女差別は禁止というメッセージが強く出ているにもかかわらず、実際の採用活動では色濃く人種差別や男女差別の慣習が残っていたりします。

日本での慣習が厄介なのは、他国より強い「本音と建前」「空気を読む」文化が前提となったさまざまなダブルバインドが組織内に存在していることです。例えば、「組織の一人ひとりがリーダーシップを発揮しなさい」と言われて独自の動きをすると、「バカ！　チームワークという言葉を知らんのか！」と怒られたり、また「チームワークが第一」というメッセージに従って発言を控えたり、協調性を重視していると、人知れず出世が同期から遅れていたり。日本の組織で出世するには、この本音と建前のバランスを理解して空気を読み、振る舞うことが重要だった（もしかしたら現在も）と思います。

こうした日本的な慣習に加え、心理学の世界の考察では、ダブルバインドな状況が続くことによって、さまざまな兆候が出てくると言われています。その一つが、言葉に表現されていない言外の意味を捉えようとする、というものです。これに当てはまるのが、「リスキリングはリストラの道具である」という勘違いです。私が認識している限り、リストラ目的で「リスキリングしなさい」と言っている会社はありません。あくまでも組織の新しい施策を担う、企業の成長事業を支える人材になってほしいという意味からリスキリングの必要性について言及しているのです。ところが、「根強くリスキリング＝リストラの道具」という疑念を持つ人がいるのです。

③リスキリングしろというメッセージをどう受け止めるか

働く個人の視点で組織からすすめられるリスキリングをどのように捉えるべきでしょうか。残念ながら、もうこれから給与も上がらない役職定年、そして定年を迎えて再雇用で3割から4割の給与カットとなることが、一般的に組織から用意されている環境です。活躍できる場が用意されているというより、義務である65歳までの雇用維持だけが目的の措置のように見えます。働く個人の視点で捉えれば、頑張ってもこれから待遇面でよいことが期待しづらいため、やる気がなくなって当然です。人によっては、退職金を満額もらえるまで会社に残り、住宅ローンを完済することが目的になってしまってても不思議ではありません。

一方でこのメンタリティの状態なのに、組織からは「まだまだ頑張れ！　新しいことを学べ！　リスキリングをしろ！」と言われているわけです。正直な気持ちとしては、「リスキリングしていいことあるの？　やってもいいことがない、やってもやらなくても給与も役職も変わらないなら、やる必要ないでしょ」という反応になりますよね。

さらに、日本のリスキリングの捉え方では、就業時間内に取り組むことが許されず、個人の自助努力によってリスキリングしなさい、という状態です。組織ではもう前向きな未来がないのに、自分の帰宅後の時間や週末を使ってリスキリングをしなさい、と言われて、「はい、やります！」という恐ろしく前向きな人はどれくらいいるのでしょうか。

このダブルバインドな状態は、残念ながら、しばらく続くことが予想されます。海外のデジタル先進国では「組織が就業時間内に業務としてリスキリングの機会を提供する」ことが通常であるため、私も2018年からそういった成功事例をもとに日本でリスキリングを広める活動を始めて現在に至るのですが、なかなかこの、「個人が自由時間に自助努力で（学び直す）」という認識が改まりません。

④これからの時代に必要となる生き方の覚悟

前述のようにダブルバインドな状態がしばらく続く中、働く個人として、どのような選択肢があるのかを考えてみると、大きく分けて3つあるのではないかと思います。

- 組織の命令に従い、就業時間内にリスキリングを業務として行う
- 組織の命令に従い、就業時間外にリスキリングを自主的に行う
- 組織の方針には従わず、リスキリングは行わない

まず1つ目、これが一番望ましいですが、就業時間内にリスキリングを行うことができる方は、本当に現在の時点では少ないように思います。ある程度自分のやりたいリスキリングの方向性を組織内で実現できる場合は、定年後に再雇用という選択肢以外に、転職、独立といった新たなフィールドで活躍できる可能性が高まります。

そして2つ目、この場合は、もちろん社内で残りの人生で活躍するために取り組んでもよいと思いますが、就業時間外の自分の自由時間を使うわけですから、自分の残りの人生を豊かにするための時間として取り組んでいただきたいと思います。

最後の3つ目ですが、ダブルバインドな環境下とはいえ、ご自身の将来の選択肢を狭める結果をもたらすのではないかと思います。役職定年、定年して再雇用という選択肢を受け入れても、従来のままの仕事が今後も必要とされ、収入も維持できる方を除き、現在より厳しい環境に追い込まれる可能性が高くなります。

【リスキリング体験談①】

「夢に向かって」高校教師から次世代金融システムの起業家へ

――荒澤文寛さん

本コラムでは、大胆な挑戦とリスキリングに取り組み、大きく人生を変えることに成功された方のインタビューをご紹介します。

お一人目は、教員からビジネスコンサルタントへ転じ、グローバル事業を経験したのち、次世代金融システムを提供するスタートアップを起業した荒澤文寛さん（xＷＩＮグループ共同創業者）です。

＊　＊　＊　＊

起業するまでに約20年かけた理由

後藤 初めに、荒澤さんの今までのキャリアの変遷について伺います。今までどんなお仕事をされてこられたのでしょうか？

荒澤 大学を卒業して、私立高校の教員になりました。

後藤 今の起業家としてのご活躍から考えると、教師だったというのはとても意外な印象です。どうして教員になられたのですか？

荒澤 小学校時代からずっと野球少年で、高校時代まで野球一筋でしたが、大怪我《おおけが》をしてピッチャーとして投げることができなくなってしまいました。辛《つら》い決断でしたが、選手として野球を続けることを諦めざるを得ませんでした。そんなとき、高校時代の野球部の監督から、「母校の附属中学の監督がいないから、やってくれないか？」とお誘いをいただいたのがきっかけです。それで大学1年のときから、野球部で教え始めたのですが、もともと「先生」と呼ばれる立場が好きではなかったので、教員になるなんて考えていませんでした。

でも、教える楽しさは感じていました。それで、大学4年まで監督を続けていたところ、「しばらく教員をやってみたら？」というお声をかけていただいて、母校の高校の教師として社会人生活を始めました。今振り返ってみると、当時の自分はあまり就職や自分のキャリアのことを具体的に考えていなかったと思います。

後藤　どんどん自分の人生を自ら切り開いている荒澤さんが、当時はあまり積極的にキャリアを考えたりしないタイプだったというのは驚きです。何かご自身の人生が大きく変わるきっかけがあったのでしょうか？

荒澤　もともと自分の祖父や叔母を含め、自分で起業した家族がいたこともあって、なんとなく自分で事業をやってみたいという気持ちがありました。教員になって2年目のときに、夜間のビジネススクールに通い始めたのです。1年間の講座だったのですが、そのときに恩師となる先生に出会うことができ、「将来起業する」と決意したことが今振り返ってみると、人生の大きなターニングポイントだったように思います。

後藤　時間軸で考えると、社会人になってから実際に起業するまでに、約20年の歳月が流れていますね。

荒澤　もちろん、起業は目的ではなく、手段ですので。当時は「何をしたいのか？」という事業内容が具体的でなかったこともあります。また、教員生活をしている中で、自分には起業するための「普遍的な能力」が足りないと感じていたのです。

例えば「英語」です。当時、「仕事を続けていく上で、これからも一貫してずっと必要であり続ける能力とは何か?」と考えて、グローバルに仕事をするために「英語」が必要だと思いました。それで、日本で夜間のビジネススクールに通い始めたと同時に、少しずつ英語学習を始め、米国の大学院留学を一つの通過点として目標にしたのです。

後藤 それで高校を退職してから、米国に語学留学されたんですね。

荒澤 結果的に6年間教員生活を続けていました。この間に、留学資金を貯めました。基礎的な英語力を身につけるための準備期間であったようにも思います。朝4時に起きて、出勤する前に友人とカフェで英語の勉強を続けました。

実際に起業するまでに時間はかかりましたが、なぜ実現できたかというと、「一緒に起業しよう!」と誓った仲間が3人いて、お互いに切磋《せっさ》琢磨《たくま》して、夢に向かって努力できたことが大きいと思います。

後藤 朝4時起きで出勤前に英語の勉強を続けるのはすごいことですし、安定している教師という仕事を辞めて、語学留学するという選択もすごいです。

荒澤　よくそのように言われます。教員時代の同僚はみんな教員を続けています。ただ、自分にとっては将来起業するための準備の一環として考えていたので、リスクはあったのかもしれませんが、夢に向かって行動していたんだと思います。今でも行動あるのみ、だと考えています。

米国への語学留学時にも役に立った「普遍的なスキル」

後藤　荒澤さんは新しいことを貪欲に「学ぶ力」と「行動力」のバランスが取れているし、特に行動していくときの「ストリート・スマート」さが卓越しています。私は「世渡り上手力」って言っているのですが、どのようにして身につけてこられたのでしょうか？

荒澤　母校の監督と教員をやっていたことで身につけられた、人間関係の築き方、監督としてのリーダーシップの発揮の仕方などといった「普遍的なスキル」が大きなベースになっていると感じます。あとはその上に新しいことを学んで上に載せるだけ、というイメージです。

これは、米国に語学留学していたときにも発揮できたと思います。24歳のときからコツコツと英語学習はしていたものの、英会話はまだあまり得意ではなかったので、英語を使う機会を探していました。また、仲間と3人で起業しようと話していた分野が、医療系のビジネスだったこともあり、午前中は語学学校に通い、午後から週に数回、米国の病院でボランティアで働かせてもらっていました。

その病院は、飛び込みで見つけました。「ボランティアで何かお手伝いさせてください」とお願いしました。

後藤　本当に行動力がすごいレベルで尊敬します。そして、また、大きなキャリアチェンジで、ビジネス分野のコンサルティング企業に就職されますね。

荒澤　はい。実は教員生活をしている中で、自分はビジネスのことを理解できていないという負い目があったように思います。ただ、米国で生活している間には、多くの起業家、経営者の方々のお話を伺う機会があり、実際のビジネスの進め方などをお聞きするうちに、自分の教員生活の中で経験していたことと多くの共通点があるということに気づいたのです。人との関わり方、組織開発の方法も含め、自分もビジネスの世界で活躍できるのではと感じました。

後藤　共通点を起点に自分にもできると感じられたのは素晴らしい視点ですね。実際にどうやって、コンサルティング会社に就職したんですか？

荒澤　31歳で初めての就職活動をしました。高校の教員になったときは就職活動をしていなかったので。教員出身で米国に留学している人は少ないので、自分には強みがあると考えていたのですが、実際には応募書類だけで落とされることが続いて、最初はかなり打ちのめされましたね。起業して経営者になるためには、コンサルティング会社での実務が早道だろうと考えていたのですが、なかなか思うようにいきませんでした。そんな中、多様な人材を採用されているコンサルティング会社とご縁があり、営業社員として働き始めました。私のような変わった経歴を面白いと言ってくださったのです。

後藤　自分の価値を伝えること、その価値を求めている組織、との出会いを探し続けることが本当に大切ですよね。

荒澤　はい、その会社は400人くらいの規模で、新卒採用が9割という中で、私の変わった経歴が中途採用につながったようです。私は、名古屋支社で営業社員として勤務し始めました。優秀な先輩社員から学びながら着実に営業実績を積み重ねて、米国のシリコンバレー支社の駐在員に抜擢《ばってき》され、再び渡米しました。ところが会社の大きな方針転換で、米国事業を閉鎖することになり、1年半で帰国することになったのです。

後藤　本当に外部環境の変化で、思い通りにならないのが人生ですよね。

起業後も続けているリスキリング

荒澤　日本に帰国して、今度は営業からコンサルティング部門に配属され、日本の企業をクライアントに抱えながら経験を積んでいきました。とても感謝しているのは、会社が丁寧に研修や能力開発の機会を提供してくれていたことです。今表現するなら、「組織としてリスキリングを進めていた」と言えます。新しいプロジェクトにアサインされて、未経験者や新人が業務を通じて、上司や先輩からスキルを学んでいく、そんな環境がありました。

後藤　素晴らしいですね。まさに就業時間内に業務を通じて行うリスキリングですね。「アプレンティスシップ（徒弟）制度」と言ってもいいかもしれません。

コンサルタントになってからは、どんなキャリアを歩まれたんですか？

荒澤　自分の中では中途半端に終わってしまっていたグローバル事業に、もう一度挑戦したいという思いがありました。そこで、会社に海外事業を立ち上げさせてほしいと、上司と一緒に何度も何度も提案をしました。「自分でも出資をする覚悟です」と伝え、もう一度海外事業をやるチャンスをもらえたのです。最初はベトナム支社の立ち上げから始まりました。それから、シンガポール、インドネシア、タイでも事業を立ち上げ、結果的に13年間勤務し、最後はベトナム法人の社長として、ついに経営者となることができました。

後藤　お話を伺っていて、24歳から「普遍的な能力」として英語をコツコツ学んで、自費で留学もして、海外支社を何社も立ち上げられて、過去の経験が本当に見事につながっていますね。ベトナム法人の社長になって、そして、ついに2020年にブロックチェーンを活用した新たな次世代金融システムを提供するスタートアップを立ち上げられるわけですね。起業に至るまでのストーリーを教えてください。

荒澤　ベトナム駐在時に、投資会社でエンジニアとして活躍していた義理の兄から、ブロックチェーンという面白い技術があるよ、と聞いたのが最初のきっかけでした。ブロックチェーンの可能性にとても興味を持ち、これは起業のチャンスだと直感的に感じたのです。

後藤　今までテクノロジーの分野の仕事を全くしていないにもかかわらず、これはチャンスだと飛び込んだのですね！

荒澤　一言でいうと、可能性とタイミングが揃《そろ》った、という感じです。新型コロナウイルス感染症が広がり、世界中で既存のビジネスモデルが機能しなくなり、大きく変化していくタイミングでした。ブロックチェーンを活用することで、大企業に匹敵するような利益を出して成功しているスタートアップが出てきたりして、大きな可能性を感じました。

一方で、起業したいとずっと思いながら社会人になって約20年の歳月が流れ、もうこのタイミングを逃すと難しいかもしれないという、焦りがあったのも事実です。そして、共同創業者の義理の兄がエンジニア出身の金融のプロフェッショナルだったので、パートナーとして一緒に始めることができたという側面もあります。義理の兄がサービス開発を行い、私が事業成長を担うグループ代表という形で役割分担をしています。

後藤　なるほど、ついに起業という夢を果たすことができたわけですね。ただそうは言っても、今までブロックチェーンや金融業界の仕事をした経験はなかったわけですよね？

荒澤　はい、まさに毎日がリスキリングという状態です。今も会社経営をしながらブロックチェーンや金融といった新しい分野の知識やスキルを習得しています。創業前のタイミングで、ブロックチェーンの基礎講座で6カ月間学んだり、金融関連のブロックチェーン分野の最新記事を英語で読んだりするところから始めていきました。

後藤　新しいことを学びながら仕事で実践していく、まさにリスキリングの王道ですね。毎日がリスキリングなのは、私も一緒ですね。2019年頃に私もブロックチェーンのスタートアップに関わっていたのですが、当時の日本では法整備が遅れていて、なかなか事業の立ち上げが難しかったのではないですか？

荒澤　はい。ブロックチェーン活用の先進国であるシンガポール、マレーシア、日本と3拠点で現在グループ経営を行っているのですが、それぞれ規制やルールが異なるので、その環境を活かしながら事業を成長させています。日本では、規制緩和や新たな法整備に向けたロビー活動のようなことも行います。

後藤　ロビー活動ですか⁉　そういった活動の経験は過去にあるんですか？

荒澤　米国留学から帰国した際、先輩から国政選挙に出馬するので手伝ってくれないかというお誘いがあり、半年間くらいその先輩の地元で選挙のお手伝いをしました。その際に大臣、国会・県議会議員、後援会の会長などさまざまな方々とご一緒させていただく機会があり、政治の世界や新しい政策を作っていくことへの理解が進んだこともあります。また、自分の友人が議員になったり、政治家の秘書をやっていたりするので、いろんなアドバイスもいただくことができ、新しい政策をどのように提言すべきか、その中で自分たちのミッションは何か、ということを探りながら、少しずつ進めています。

実務を通じて、学んだことの意味を深く理解する

後藤　荒澤さんは「経験がないからできない」ではなく、「実現するためにはどうしたらよいか」という発想で、とにかく新しい分野を学びながら行動し、実践していきます。リスキリングを進めていく上で本当に大切な資質ですね。

同世代の昔の同僚や友人の皆さんは、現在どんなお仕事をしていらっしゃる方が多いですか？

荒澤 大学の学部が総合政策学部だったことも関係しているのかもしれませんが、本当に皆、さまざまなことをやっています。意外と、起業していたり、フリーランスで活躍したりしている卒業生が多いんですよね。そういう意味では皆、それぞれの成長ステージでリスキリングをしているのかもしれませんね。

後藤 事業として今後チャレンジしたい領域や、ご自身で新たなスキルを習得していかなくてはと思う分野はありますか？

荒澤 ブロックチェーンを活用した次世代型金融プラットフォームを成長させていく上で、トラディショナルな金融システムとの橋渡し役を果たしていきたいと考えています。そのためにも、もっと金融の知識やファンドマネジメントのスキルを磨いていかなくてはと考えています。もちろん、自社にさまざまな金融分野のプロフェッショナルがいるわけですが、自分自身もっとリスキリングを重ねていく必要があると痛感しています。

また、円安の環境下なので、もっと海外のクライアントを増やしていく方針です。先日も欧州のクライアントの日本進出案件が成約できたのですが、日本市場を理解している上、提携の話をすべて英語で行えたことで信頼できたとおっしゃっていただけました。

私は43歳で起業しました。この年代で起業してとてもよかったと思うのは、若いときに起業していたら、もっと調子に乗っていたかもしれないなということです。今は「リーンスタートアップ」というか、最小限の経費での企業経営を心がけることができています。自分たちの資金を投じている分、お金の動きにも敏感になりますし、座学で学んだことの意味が深く理解できるようになったと思います。

後藤　お話を伺いながら、荒澤さんが「夢に向かって」という言葉を何度も使われているのがとても印象的でした。現在47歳ですが、これからの残りの人生で実現していきたいことについて教えてください。

荒澤　高校教員時代からずっと続けていることですが、もっと次世代の方々に関わっていきたいと考えています。ありがたいことに、自分の教員時代の教え子が自社の顧問弁護士になってくれていて助けてもらっているのですが、同時に私も若い方々に対してインパクトのある貢献をしてきたいと考えています。自分もエンジェル投資家の方の応援のおかげで、必要なタイミングで事業の成長を実現することができました。挑戦していく若い方々に出資をしていくことで、応援していきたいです。また、今、長野県で、無償でこども食堂の支援をしているのですが、社会貢献活動の幅も広げていきたいと考えています。

後藤 最後に、これからリスキリングに取り組まれる方々にメッセージをお願いします。

荒澤 人生の幸せの価値は、皆さん一人ひとり違うと思います。ぜひ、自分の幸せな人生の過ごし方は何だろう、と考え続けていただきたいです。ぜひ、ご自身の人生を幸せにしていくためにも、リスキリングに取り組んでいただきたいと思います。その結果どうなるか、やってみないとわからないわけです。

新しいこと、リスキリングに取り組んでみて、自分のメリットを感じられるかどうか、将来の可能性が広がっていくかどうか、ぜひ感じてみてください。自分が人材分野、組織開発の仕事をしていたときから感じていることですが、やはり人間は仕事をしているときに面白さを感じないと、仕事を自分事にできないですし、評価されなくなってしまったときに、積極的に仕事に関わらないように気持ちが変化してしまいます。まだまだ自分の可能性に気づいていない方も多いと思います。自分の可能性に気づき、そして、自分の幸せな人生の過ごし方は何だろうと考え、実現していくためにも、新しいことに挑戦し、リスキリングを継続していっていただきたいです。まず行動してみたら、わかることがたくさんあることに気づきますから。自分の「夢に向かって」お互い頑張っていきましょう。

第2章　リスキリングで労働寿命を長くする

1．定年4・0の時代に労働移動を実現する

【1】リスキリングで雇用寿命と労働寿命を延ばす

この章では、第1章でご紹介した定年4・0の時代という前提をふまえ、どのようにリスキリングを行えば、自分の人生をより充実したものにできるのかを見ていきます。

①雇用寿命を延ばすためのエンプロイアビリティの向上

まず、雇用寿命を延ばすという視点に立つと、「エンプロイアビリティ」と呼ばれ

る、いわば組織や企業で「雇われる能力」を維持向上させることが大切です。特に強制的かつ自動的に雇用環境が変えられてしまうネガティブな状況を回避したり、上手に対応したりしていくためにも、このエンプロイアビリティはますます重要になっていきます。

例えば、組織の雇用主が労働者の価値を見出すエンプロイアビリティ・スキルとして、求人検索サイトを運営する企業Ｉｎｄｅｅｄは、次の10個を挙げています。

「コミュニケーション能力、チームワーク力、信頼感、問題解決能力、情報整理力&計画性、主体性、自己管理能力、リーダーシップ、学習能力、ＩＴスキル」

これらすべてを高いレベルで持っているような方は稀《まれ》だと思いますが、組織で優秀であると評価される多くの方々は、一定レベルのエンプロイアビリティ・スキルを複数持っているものと思われます。

ここに、定年４・０の時代を生き抜くために必須のスキルとして11個目に加えたいのが、「自分自身をリスキリングし続ける」スキルです。コンピューターゲームの世界においては、ゲームを続行するための体力を表す指標（HP）がありますが、まさにリスキリングによって新たなスキルを獲得していくことで、仕事を続行するための力がつき、雇用寿命が延びていく、そんなイメージです。

②今後向き合っていく雇用環境の変化を正しく整理、認識する

前述の通り、現在の勤務先で働き続けることを想定すると、早期・希望退職、役職定年、定年、再雇用といった雇用環境の変化が生じる可能性がありますが、この前提そのものが変わっていくことも予想されます。長くリスキリングしながら働き続けることを目指すとなると、そのような雇用環境の変化を正しく認識しておく必要が出てきます。

❶ワーストシナリオへの心の準備

中高年の雇用環境の変化の最たるものが、２０２１年の高年齢者雇用安定法の改正です。70歳までの就業機会確保が努力義務になりました。

70歳への定年の引き上げといった取り組みをよいものと捉えるか、悪いものと捉えるかは、個人の立場によって分かれるところだと思います。安定した雇用と従来の年収を維持し、やりがいを持って仕事が継続できるのであれば、もちろんよいことだと思いますが、年収が3割削減、やりたくない仕事であっても生活のために再雇用を受け入れざるを得ないのであれば、そのまま受け入れるのか、自ら環境を変える努力をするのか、悩まれる方も出てくるのではないでしょうか。

また、自分ではどうしようもない勤務先の倒産や整理解雇といった事態も想定しておく必要があるかもしれません。新型コロナウイルス感染症の影響を受けた事業者に対する支援策が終わり、2023年から倒産件数は増加傾向にあり、2024年には倒産件数が1万社を超えるのでは、という見込みも出ています。

政府の政策としても、解雇時に金銭による解決を図る制度の整備についての検討会が開催されたり、北欧などで導入されているフレキシキュリティ（雇用の柔軟性は担保しながら、同時に税金などを活用した社会保障によって労働者の生活の安定を守る仕組み）の導入検討も始まっています。

こうした動きを、今から10年後、20年後に自分に起きうる変化として捉え、いち早く知るといった努力も、リスキリングの一環となります。特に、解雇という最悪な事態（ワーストシナリオ）への心の準備、対策という意味でも、知っておいて損はありません。

❷自動化の影響で消失していく仕事の傾向をつかむ

テクノロジーの進化によって起きる雇用の消失、技術的失業に関する予測については、従来から当たるもの、外れるものの両方があります。例えば、小売店がすべて無人店舗になりセルフレジになっていく、という可能性もあれば、有人対応をウリにする店が残る可能性もあります。長い行列に並びレジを待つスーパーと、丁寧な接客が期待される高級レストランでは、同じ基準で比較はできないわけです。また、業界や地域、経営者の考え方によって、大きく異なる対応が今後出てくるのではないでしょうか。

しかしながら、経営者目線で、競合企業との差別化やコスト削減の圧力などを考慮すると、人間を雇い続ける価値がある領域は除き、一般的には生産性を向上させるために自動化は進んでいくものと私自身は考えています。優れた接客などの期待が不要の場合には、ＡＩやロボットなどの自動対応でよい、という判断になるわけです。

特に「期待通りの結果が求められるもの」についてはテクノロジーの導入が加速し、人間の仕事のプロセスが機械に代替されていくのではと思います。わかりやすいのは、次の４つです。

・正確性が求められるタスク
・緊急性が求められるタスク
・効率性が求められるタスク
・危険回避が必要なタスク

正確性が求められるタスクとは、例えば、公認会計士や税理士の計算業務や弁護士の判例の理解等、間違ってはいけないものです。また、アナウンサーが原稿を噛まずに正確に読むといったタスクは、個別の「推し」といったエンタメ的なニーズを除くと、ＡＩでよいのかもしれません。

緊急性が求められるタスクは、目的地へできるだけ早く到着したい、注文した商品が早く到着してほしい、といったニーズがある作業です。

そして、効率性が求められるタスクは、ＣｈａｔＧＰＴなどの活用で一般的になりましたが、調査業務などです。人間が調べるより圧倒的に早く効率がよいので、自動化が進みます。

危険回避が必要なタスクは、例えば、車の運転です。現在、世界中で自動運転技術の導入が始まっていますが、人間の不注意、居眠り運転、飲酒運転等による事故数を考慮すると、人間の公道運転はいずれ禁止されるだろうという議論もあります。

以上のような例は非常にわかりやすく、すでに自動化が始まっています。例えば、弁護士や公認会計士といった個々の職種そのものはなくなりませんが、業務プロセスの自動化が加速することで、能力の高い人と低い人の差が開き、必要な人数も縮小していく可能性が指摘されています。今までは、より機械に近い正確な業務ができたために、弁護士や公認会計士といった仕事は高給で希少価値があったわけですが、少しずつ必要とされる業務内容が変化していくのではないでしょうか。

❸人間の仕事として残っていく仕事・その1

今私たちにできる準備としては、「自動化される仕事とそうでない仕事」の見極めがあります。ここからは、人間の仕事として残っていく仕事——すなわち、人間が行うべき「専門職」としての価値を持ち続ける仕事——の特徴を、2つの側面から挙げます。

まず、1つ目が「『人間なのに』市場は引き続きエンタメ価値で生き続ける」です。「人間なのに」市場とは、「人間なのにすごいね！」という価値がある市場のこと、として、私が講演などで最近お話しししているものです。

例えば、2016年には、囲碁の世界でGoogleのAlphaGo《アルファ碁》というAIソフトウェアがプロの棋士に勝利したことが大きく報道されました。しかしこれによって、プロの棋士の仕事がなくなるかというと、それは想定しづらいと思います。将棋の世界で藤井聡太名人がAIと勝負して負ける事態となっても、当たり前ですが、名人が失職するような事態にはならないわけです。仮にAIより弱いとしても、「史上最年少で八冠」という偉業を達成し、最強の人間としての価値があるので、「人間なのにすごい」と言われ続けます。

また、人間は速く移動して目的地に到達するために、徒歩、自転車、自動車、電車、飛行機と、さまざまな交通手段を活用しています。陸上男子100メートルの世界記録保持者のウサイン・ボルト選手がポルシェと競争して負けたとしても、アスリートとしての仕事はなくならないはずです。それは、「人間なのに速くてすごいね」という価値があるからです。

あるいは、移動するにしても、浅草などの「人力車」の仕事はどうでしょうか。そもそも速く移動したい人は人力車に乗らないですし、街中を見ながら楽しむという移動手段です。いわば、エンターテインメントとしての価値があるものは、人間の仕事に残る重要な価値のある領域だと考えています。当たり前のことなのですが、技術的失業が加速する世界では、この人間が価値を発揮するエンターテインメントの世界の雇用がとても重要になっていくのではとみています。

一方で、公認会計士や税理士がコンピューターと対決して、人間の正答率が95%、コンピューターの正答率が100%だったときに、「人間なのに正確ですごいね!」と仕事を受注したりするでしょうか？　物好きな人を除き、前述のように正確性が要求され、人間が行う価値のないタスクは、人間の仕事ではなくなっていくのです。

暗算の世界選手権や、英語のスペルの正確さを競う大会（スペリング・ビー）などは、「人間なのに正確に暗算や記憶ができてすごいね！」となります。これは業務として正確な計算や記憶が求められているわけではなく、エンターテインメントの要素があるからです。

自動化が進むほど、この「人間なのに」市場で仕事ができることの価値はますます高まっていくのではないでしょうか。そもそも、人間の仕事の価値を見つけること自体が人間の大事な仕事であり、究極的には人間の仕事の価値を見つけられる人が生き残る、と言えるのかもしれません。

❹人間の仕事として残っていく仕事・その2

人間の仕事として残っていく仕事の特徴の2つ目は、「『天然もの』の希少価値は上がり続ける」です。

DeepL《ディープエル》などの自動翻訳ソフトウェアの進化を含め、翻訳や通訳の仕事の自動化については今後も加速していくと考えています。まだまだＡＩによる翻訳や通訳のレベルは完全ではありませんが、一方で素人の人間が行うよりはるかにレベルが高いこともまた事実です。当然、前述の正確性や効率性が求められる業務であるため、ＡＩによる翻訳や通訳で限りなく正確な成果が出せるのであれば、人間が行う必要はなくなっていくのです。

私が講演などでグローバルスキルの重要性をお伝えする際に必ずいただく質問が、「自動翻訳が進化していく中、これから人間は英語の勉強をする必要があるのか？」というものです。私は、お寿司の天然ものと養殖ものの違いといった意味で、「天然ものの希少価値は今後さらに上がり続けます」とお答えしています。

これはどういう意味かと言いますと、自分自身で英語を使いこなして話せる「天然もの」の価値と、音声自動翻訳のツールを使って外国の方と会話をするいわば「養殖もの」の価値は全く異なるということをお伝えしたいのです。ここでは、従来の人間が行ってきた行為をＡＩやロボットのサポートを得て行うことを「養殖もの」と例えています。

絶対に伝える内容を間違えてはいけない交渉や契約などのプロセスを除き、一定レベルの間違いがあっても許されるような業務では、自動翻訳を活用して大体の意味が伝わればよい、といった仕事の進め方が浸透していくのではないかと思います。いわば「養殖もの」の価値でOKということです。このような差は期待値が異なることで生まれます。

ここで、日本語を話せる外国の方との会話という別の角度に切り替えてみたいと思います。自動翻訳の正確性が上がり、外国の方も日本語をわざわざ勉強して話せるようになる必要がなくなるかもしれません。しかし、自力で日本語が話せる「天然もの」の方との出会いがあったとき、皆さんはどうお感じになるでしょうか？　例えば、「自動翻訳が全盛の時代に、わざわざ日本語を勉強してくれるなんて。この人はすごい人だ」といった感謝や尊敬の感情が芽生えたりしないでしょうか。

実は、「天然もの」には、正確性や効率性とは関係のない、相手の感情を動かす価値が今後も付随し続けるのではないかと思います。長い年月をかけて、時間とお金、労力を費やして外国語を習得するという価値が相手に伝わるからです。このような価値も「人間なのに」市場の中で生き残っていくのではないかと考えられます。

そして、自動翻訳などで便利になっていくことで、仕事として翻訳や通訳の仕事を目指す方々は減っていくのではないかと思います。しかし、天然ものの絶対数が減っていくということは、一方で希少価値が高くなるとも言えます。

日本の経済事情や長引く円安などの影響で、日本からの留学者数は毎年減り続けています。しかし逆張りの発想で、リスクを取って留学することで、現地の方との貴重な人間関係を構築し、それが人脈となって仕事で使えるような付加価値になることもあります。リアルに英語が話せる「天然もの」の価値はこれからも上がり続けるのではないかと思います。もちろん、自動翻訳ツールを伴う「養殖もの」が活躍する場面も仕事においてはこれから増えていくことと思います。しかし大きな投資金額を伴う提携のような業務については、秘書や通訳を介さずに、当事者同士だけで英語で話せることの価値、「天然もの」だけが持つ価値は今後もあり続けるのではないでしょうか。また、会話をデータに残してはいけない場合などにも「天然もの」の価値は重要です。こうした理由もあり、私は大人の短期語学留学をすすめています（後ほど詳説します）。

③リスキリングによる労働移動は二段階必要

第1章でご説明した通り、一般的に労働移動という言葉は、幅広い労働者の移動を指します。しかし、AIやロボットの浸透とともに起きうる技術的失業を労働者が回避していくためのリスキリングという文脈においては、「組織内の成長事業」や「組織外の成長産業」への労働移動がとても重要になります。

「リスキリングの目的は、失業なき成長産業への労働移動です」といつもお伝えしているのですが、実は中高年の方々にとって、これは（現時点では）実現可能性が限られている、切実な問題です。なぜなら、給与が上がっていく成長事業、成長産業への労働移動の機会が極めて少ないからです。ここからは、リスキリングによって実現を目指すべき労働移動について、二段落に分けてご説明します。

❶第一段階：組織内の成長事業への労働移動（内部労働市場）

まず目指すべきは、いきなりの転職などではなく、組織内でのリスキリングのチャンスをつかむことです。労働力を投資する立場として考えれば、短期的には雇用を維持した上での安全な労働移動が望ましいと考えられます。いずれせよ定年の時期は訪れ、再雇用の機会がない、もしくは再雇用を受け入れないのであれば、社外に出ることになりますので、ファーストステップは、組織内の労働移動をリスキリングによって実現しましょう。

どこの組織にも、非生産的な部門や不採算部門があるのではないかと思います。そういった部門の仕事を任されている方々の場合は、まずはそこから抜け出すにはどうしたらよいか、という観点で次のキャリアを考えます。リスキリングを通じて、社内における成長事業への配置転換を目指すのです。

企業側は、今後縮小する部門の仕事についている従業員であっても、ＡＩやロボットを導入することで生産性を上げられる可能性が見出せるのであれば、リスキリングを通じて、組織内の今後を担う成長事業や人材が不足している部署へ配置転換（労働移動）することで、雇用を維持していくことになります。特に、自動化の対象となり、技術的失業が懸念されるような職種で働いている方々は、場合によっては受け皿となる緊急避難先に強制的に異動させられることも、今後は出てくるかもしれません。定年後の仕事を視野にいれるためにも、リスキリングを通じて組織内の成長事業へ移っていく機会を探し続けてください。

例えば、2022年5月、NTTドコモが、2025年度までに全国のドコモショップ2300店舗の約3割、700店舗を閉鎖する計画だと報じられました。オンライン契約が可能になって来店客数が減り、閉鎖に踏み切るとのことです。このまま放っておくとショップで働いていた方々の仕事はなくなってしまいますが、人員整理はせず、「メタバース」という仮想空間でアバターを使って接客する部署へ配置転換を行うといった方針が出ていました。まさに、不要になっていく店舗の業務から、新しく生まれるデジタル分野の業務に労働移動をしていくために、リスキリングが必要になるのです。

あるいは、ご存知の方も多いと思いますが、飛行機に乗る際の搭乗手続きなどについても、次々と有人対応から無人対応へのシフトが始まっています。例えば、ANAやJALなどの航空会社では空港でチェックインしなくて済む、スマートフォンアプリを活用したオンラインチェックインが導入されました。また、一部の国際線路線では、「Face Express」という顔認証によって、搭乗手続きを行うことができるようになっています。チェックインカウンターで有人対応をしていた空港スタッフに伺ったところ、今後さまざまな部署に配置転換になっていく予定だとおっしゃっていました。

❷第二段階：組織外の成長産業への労働移動（外部労働市場）

いきなりの転職をおすすめしない一番大きな理由は給与です。社内でリスキリングを通じて成長事業に就くことができ、例えば、デジタル分野のスキルなどを身につけて実績を出すことができれば、その価値によってキャリアアップ、給与アップの転職が望める可能性も高くなります（もちろん、やりたいことを実現するために給与が下がる転職をするという選択肢もあります）。新しいスキルを使えるようになってからは、いわゆる「FA宣言」ができる可能性が高まります。つまり、そのまま会社に残るのか、そのスキルを活かして転職するのかの選択肢を持つことができます。転職した場合に給与が上がるとなれば、転職の動機になりますし、成長分野のスキルは転職市場でも高く評価されます。

気をつけなくてはいけないのは、現在のリスキリングの議論では、第二段階の労働移動をいきなり行うことに注目が集まりがちだということです。しかし現実的には、実務経験を通してスキルを役立てるステップが必要なため、第一段階を経る必要があります。例えば、デジタル分野について、オンライン講座を学習しただけで実務の経験がない中高年の方々を即戦力として採用する企業はほとんどありません。私自身、本当に40代で苦労しましたし、人材会社の方と話していても、やはり40代、50代で給与が上がる転職ができる方はほんの一握りだと聞いています。そのため、中高年の方の場合は定年までの時間を視野にいれて、組織外への労働移動（転職）については慎重に準備を進め、労働移動を二段階で行っていくことが重要なのです。

定年後に可能な労働移動にも、さまざまな選択肢が考えられます。例えば、都市部で働いている方が地域に移住するIターン、自分の生まれ育った地域に戻るUターンなど、地域間の労働移動はさまざまな機会をもたらします。また、起業や個人事業主（フリーランス）といった自分の雇用を自分で生み出す労働移動の可能性もあります。人数は少ないかもしれませんが、海外移住を前提とした労働移動を実現する方もいらっしゃるかもしれません。

【2】定年4・0の時代に活躍するために必要なこと

今後、時代が定年4・0へと移り変わる中で、リスキリングしながら成長産業への労働移動を実現していこうとしたら、すべてが今まで通りとはいかず、新たな習慣を身につける必要に迫られることも出てくるはずです。

そんなときに役立つのが、「マインドセット」「スキルセット」「ツールセット」という考え方です。これは、海外では頻繁に聞くアプローチで、この3つが整う状態を作り出すことが目標を達成するために必要だと言われています。

①定年4・0時代に対応していくための3つの「セット」

リスキリングを進めていく上で、この3つに共通する「セット」という言葉はとても重要な意味合いを持ちます。

なぜかというと、新しい成長分野の仕事に就くというのは、一時的なやる気（マインド）、単体のスキル、特定の学習（ツール）だけで成果が出るようなプロジェクトではないからです。

❶「マインド（Mind）」と「マインドセット（Mindset）」の違い

マインドは「心」や「精神」という意味で、人の思考、感情、意識などを指します。一方で、マインドセットは「考え方」や「心構え」という意味で、物事に対するアプローチや態度を形づくる信念や前提などを指します。

この2つの違いをわかりやすく表す例として、ある問題に対する対応を考えるとき、「その瞬間感じていること」はマインド、一方、「その問題をどう捉えるか」「どのような視点でアプローチするか」といった中長期的に示すものがマインドセットです。例えば、困難に直面したとき、一時的に落ち込む状態はマインドですが、「困難を乗り越えるためにどうしたらよいか」といった姿勢はマインドセットになります。

❷「スキル（Skill）」と「スキルセット（Skillset）」の違い

スキルは、「特定の活動を行うために必要な能力や技術」を指します。これは一つひとつの具体的な技能を意味します。スキルセットは、「複数のスキルが組み合わさった一連の能力や技術」を意味します。通常、特定の職業や活動を効果的に行うために必要な、幅広いスキルの集まりを指します。

例えば、コミュニケーションというスキルがありますが、プロジェクトマネージャーとして成功するためには、コミュニケーション以外にも組織運営、リーダーシップなどの複数のスキルが揃《そろ》っていることが必要です。

❸「ツール（Tool）」と「ツールセット（Toolset）」の違い

ツールとは、「特定の作業や任務を遂行するために使用される具体的な道具や装置」を指します。一つのツールは、一つの機能や用途に特化していることが多いです。

一方、ツールセットは、「複数のツールが一組になったもの」で、広範囲の作業や複数の関連任務を効率的に行うために使われます。

例えば、家具を組み立てるときに「ドライバー」という単一のツールが役立ちますが、家具の組み立てから修理までを広くカバーするためには、ドライバー、ハンマー、水平器、メジャーなどを含むツールセットが必要となるわけです。

②定年4・0時代に求められるマインドセットの転換

3つの「セット」の中でも、特に中高年の方々がリスキリングを行う場合に、まず必要となるのが、マインドセットの転換です。リスキリングを前向きに進めていくために欠かせない重要なポイントですので、私の前著『新しいスキルで自分の未来を創るリスキリング【実践編】』(日本能率協会マネジメントセンター)にも掲載した「7つのリスキリング・マインドセット」を、「定年4・0時代に求められるマインドセット」として改めてご紹介します。

❶「まずやってみる」を心がけよう

初動で、「まずやってみる」ことが何より大切です。日本のビジネスにおいては、慎重で失敗しないことを良しとし、様子をうかがってから動く、といった姿勢が多く見受けられます。しかし、それよりもその行動が正解なのかどうか、成功するか失敗するかなどと考える前にまずやってみて、その結果、自分の中に湧き上がってくる気持ちを正直に受け止めるという習慣を身につけることが大切です。新たなスキルやツールの使い方を学ぶにしても、過去事例や他社事例などを調べて、知っているつもり、わかったふりの状態でいるのと、実際にやってみて感じ取った気持ちをふまえて学ぶのとでは、理解度や納得度が全く異なります。正解へのたどり着き方は、やってみたことをふまえて後から考えればいいのです。

❷コンフォートゾーンから飛び出そう

解雇に対する過度の恐怖心などから、やみくもに流行りのスキルを学ぶのは問題がありますが、個人が健全な危機感を持ちながらリスキリングに取り組むことはよいことだと考えています。少子高齢化の中で放っておけば縮小均衡していく日本のビジネス界では、現時点で安全な領域（コンフォートゾーン）に留まっていると、外部環境の変化に適応しづらくなり、気づいたら手遅れの状態になりかねません。コンフォートゾーンから出て、「居心地の悪い状態に慣れる」ことができるかどうかがリスキリングの成否を分けます。未知の領域で挑戦し続けることは、最初は居心地が悪いかもしれませんが、次第に慣れてきます。筋トレと同じで、最初は筋肉痛がありますが、慣れてしまえば、自分に起こる変化が楽しくなってきます。

❸「6割の理解」のままで突き進もう

知らない分野で初めてリスキリングに取り組むのは、だだっ広い場所にポツンと立って、手探りで道なき道を進んでいくような作業です。初めての分野では「知らない」ことが当たり前で、とにかく動いてみて、全体像がつかめたらしめたものです。細かいことは後回しでよいのです。何度も同じ道を通るうちに、細かいことはだんだんわかるようになってきます。例えば、デジタルの世界は、外部環境の変化が激しく、昨日の正解が今日の不正解になることもあります。6割の理解レベルでよいので、どんどん当たりをつけて動いていきましょう。

❹何度でも同じプロセスを繰り返そう

短期間の勉強で正解できる中間・期末テストとは異なり、リスキリングで成果が出るまでには時間がかかります。知らない分野の専門用語がたくさん出てくることもありますので、しっかり理解できるまでは、忘れてしまうことがあって当然です。また、大学受験のような、一時的な記憶力が勝負の世界ではありません。一定の期間内に特定の資格取得が必要な場合を除き、覚えたことを忘れてしまってもがっかりする必要はありません。業務で何度も繰り返していくことで、記憶が定着していくからです。

例えば、ある専門用語を忘れてしまった際に、「『忘れたこと』を覚えている」というのは記憶レベルが上昇している証拠なので、「あー、この前出てきたけど忘れてしまった」という状態はよいことだと考えてください。

❺いつでも軌道修正しよう

知らない分野にチャレンジしたとき、やってみたら面白くない、自分の想定と違った、自分に向いていないといったことが明らかになる場合も多いはずです。「一度決めたから最後までやり通す」ということにこだわらずに、いつでも柔軟に軌道修正をしましょう。自分の将来の方向性を決めるリスキリングを行うのですから、自分が楽しくなく、興味が湧かないことをやり続けると、結果的に成果に結びつかない確率も高くなります。何度でも方向転換ＯＫを基本にしましょう。

❻すぐに成果が出なくても焦らない

リスキリングは、短距離走ではなく、長距離走であるため、途中でさまざまな障害があったり、ストレスがかかったりすることもあります。その際に焦ってしまうかもしれません。しかし、仮にネガティブな状態になっても、しなやかに回復する力（レジリエンス）があれば問題ありません。すぐに成果が出なくて焦ったり、落ち込んだりしても、気持ちを切り替えて回復できることが大切です。リスキリング継続のカギは、「レジリエンス」にあります。

❼発展途上の自分に自信を持つ

❻で述べたように、リスキリングはすぐに成果が出るわけではありません。そのた

め、ある種の思い込みというか、取り組んでいるプロセスそのものを信じることが必要になってきます。現在発展途上にある自分に自信を持つことができると、それがエンジン（原動力）となって、前述の❶～❻のマインドセットを維持しながら、リスキリングに取り組むことができるのではないかと思います。

仮に、信じることができないと思われても、新しいことに挑戦している自分を肯定する、褒めるといった姿勢は大切にしてください。私自身、40歳からリスキリングに取り組み始め、転職活動で評価されなかった当時を振り返って、完全に「発展途上の自分に自信を持つ」ことができていたかというと、答えはNOです。ですが、これまでに全く経験のない新しいことに挑戦し、自分で納得のいく成果を出すことが何度かできていたので、その点は肯定的に捉えていました。だからこそ、「発展途上の自分」の状態に身を置くことができていたのだと思います。

2. リスキリングにどう取り組むか

【1】リスキリングの進め方

前節で、「リスキリングの目的は、失業なき成長産業への労働移動です」とご紹介しました。と同時に、そのような労働移動の機会が極めて少ないという現実もご紹介しました。特に新しく生まれている分野については、スキル習得機会が限られていること、募集数そのものが少ないことなどがあり、なかなか目標とする仕事に就けない場合もあります。

そのような現実をふまえたリスキリングの進め方を、私の実体験などもご紹介しながら考えていきます。

①まず類似スキルを活かす

105ページでも、労働移動を「第一段階」と「第二段階」に分けてご説明しましたが、ここで改めて強調したいのは、

「一度で目標の仕事にたどり着こうと考える必要はない」

ということです。成長産業への労働移動を目指すにあたっては、複数の業務や職種を経て、理想にたどり着くという発想で臨んでいただきたいのです。

将来就きたい仕事にスキルA、D、Eが必要だとします。現在の仕事でスキルA、B、Cを持っていますが、残念ながらスキルDとEの習得機会がないとします。その場合、いきなり就きたい仕事に就くチャンスを得るのはとても難しいと思います。そのため、まずはスキルAとスキルBが重なっていて、スキルDが経験できる「中継ぎ

リスキリングの進め方

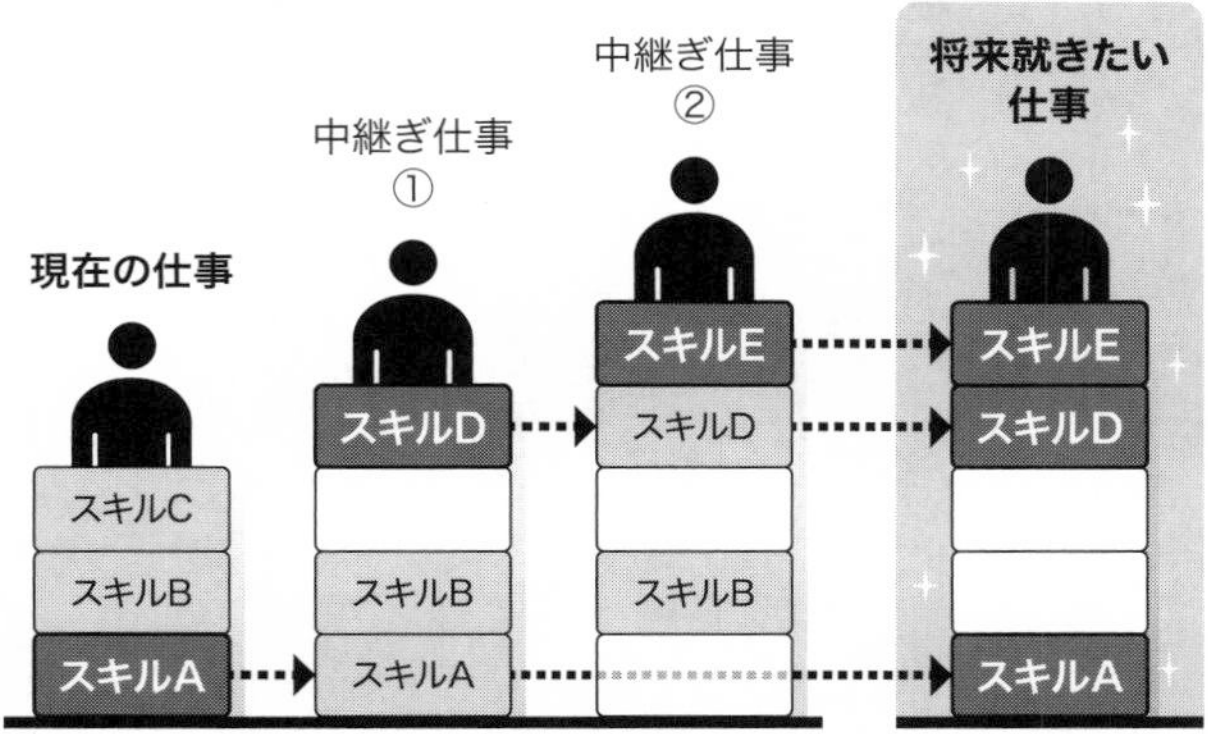

出典：一般社団法人ジャパン・リスキリング・イニシアチブ

仕事①」に就くのです。こうした2つの仕事で必要となる共通のスキルA、Bのことを「類似スキル」と言います。中継ぎ仕事に就くことで、新たにスキルDを獲得するチャンスを得ることができます。当然、スキルDを獲得するために、リスキリングが必要となるのは言うまでもありません。

次に、同じように、類似スキルB、Dを活かして、スキルEが経験できる「中継ぎ仕事②」に就きます。ここでは、新たなスキルEを獲得するチャンスを得ることができます。そして、最終的に「中継ぎ仕事①②」で新たに獲得してきたスキルD、Eを活かして、就きたかった仕事にたどり着くことができるというわけです。

②窓口となるゲートウェイ・ジョブを起点に

新しく生まれている分野としては、例えば、今急激に必要性が増しているグリーン分野などは中継ぎ仕事の典型的な例です（グリーン分野については140ページで詳説します）。

LinkedInが発行している「Global Green Skills Report 2023」では、ゲートウェイ・ジョブの重要性について述べられています。ゲートウェイは入り口・玄関という意味なので、この場合はグリーン分野の職業に将来就くために、その扉を開いてくれる仕事（中継ぎの役割を果たす仕事）のことを指しています。

特に、脱炭素化に向け、グリーン分野は重要性が急激に高まっているものの、まだ新しい職業が生まれている真っ只中で、多くの一般的な方が働けるほどの求人があるわけではありません。そのため現在、CSR推進部やサステナビリティ推進部などと呼ばれる企業の社会貢献活動を担う部署での職務がゲートウェイ・ジョブの役割を果たしているようです。サステナブル関連の仕事が最終ゴールではないものの、まずそこをステップとして経験を積むことで、グリーン分野やその関連のスキルを身につけ、将来的に最終目標となるグリーン分野の職業に就くことを目指すのです。

③私自身が志したAI分野にたどり着くまで

私自身、デジタル分野でのリスキリングで、まさにゲートウェイ・ジョブから目標の職業に就く経験をしました。新卒時代の金融機関での経験からフィンテック分野（AIなどの情報技術を活用した金融サービス）のスタートアップに誘われ入社しました。ところが、スタートアップでは金融システムを販売する仕事だったのに、システム関係の知識やスキルはゼロ。このときの仕事が、私がデジタル分野に関わり始めるゲートウェイになりました。一般的な金融分野での経験がこの場合、類似スキルになったのだと思います。今思えば、リスキリングの原点です。メインクライアントが通信会社だったため、ネットワーク関係の知識やスキルの基礎も身につけることができたのです。

この仕事が終わってから、43歳のときに人生で初めての転職活動をするのですが、前述の通り100社以上で書類選考や面接が通らず、本当に苦しい思いをしました。その中で、自分を拾ってくれた会社が通信ベンチャーでした。通信会社をクライアントに持った偶然が功を奏し、このときの経験がまた類似スキルとなって、通信ベンチャーで働くことができるようになりました。

ちょうどこの頃、「技術的失業」という言葉を知って、労働の自動化を推し進めるAIに興味を持つようになりました。技術的失業を防ぐには、AI側の論理や知識を学び、経験を積まないといけないと思ったからです。しかし、当時の自分のデジタル分野での少ない経験からAI分野で働くということは非現実的でした。それならばと、自分の働く通信ベンチャーのサービスを大きくデジタル化する方針の中で、業務を通じて少しずつ近づいていこうと考えました。海外で開かれる最新のデジタル分野の国際会議や展示会に積極的に参加し、AI分野の最新事情の収集、ソフトウェアの導入を通じて、AI分野の第一線で活躍する方たちとのつながりができるようになりました。残念ながら、事業方針の食い違いからプロジェクトを完遂することはできませんでしたが、のちにこのときの経験が大きく活かせることになりました。AIの実務を経験することはできませんでしたが、リスキリングのプロセスという観点では、学習に関しては一定レベル進んだのではないかと思います。

通信ベンチャーの退職後も、また辛《つら》い現実が待っていました。苦しい転職活動が始まったのです。40代で専門性が低いという弱みから、来る日も来る日も、書類は通らず、面接も一次面接止まりでした。そんな中、人事分野とデジタル分野の両方を経験している人を探しているというコンサルティング会社を紹介してもらうことができました。ここでは、業務プロセスのデジタル化を行う仕事を担当することができ、今でいうデジタル・トランスフォーメーション（DX）の一端を経験しました。自分でも積極的に休暇を活用しながら、米国で開催される最新AI分野の国際会議に参加してネットワークづくり、AI分野の知識の習得をしていきました。

次に、こうした経験を活かして、クラウドサービスやソフトウェア分野での転職を試みましたが、やはり導入の実務経験や実績などがなかったため、面接までは進めても、内定まではもらうことができない状態が続きました。そんな中、AIスタートアップで働く後輩から、最新の海外のデジタル分野について話を聞きたいと依頼があり、役員も含むその会社の方々にお話ししたところ、「海外展開を積極的に進めているので、一緒に働きませんか?」とお誘いいただくことができたのです。正直に、「私はＡＩ分野の実務はやったことがないのですが、大丈夫でしょうか」とお伝えしたら、「ＡＩは最新分野なので、ほとんどの人が経験したことがない状態です。なので、入社してから頑張って学んでキャッチアップしてください」という答えが返ってきました。２０１９年のことです。ＡＩの分野の仕事がしたいと志してから5年の歳月が過ぎていましたが、ようやくＡＩ分野の仕事に就くことができたのです。

新型コロナウイルス感染症で海外進出プロジェクトが中止となり、約1年半程度の経験となってしまいましたが、ＡＩ分野の実務、特にソフトウェア分野の経験ができたことが大きな収穫でした。そして現在、自分自身の10年にわたるリスキリング経験と、ＡＩ分野の実務の経験を活かして、カナダで創業し現在は米国に本社を置くＡＩスタートアップ「ＳｋｙＨｉｖｅ Ｔｅｃｈｎｏｌｏｇｉｅｓ」の日本進出事業を担当しています。

振り返って感じるのは、特定の職種の専門性を持たずに業界をまたぐ転職をしようとすると、40代以降は本当に難航するということです。私の場合は、特にソフトウェア分野の敷居をまたぐことが何より難しかったように思います。ただ、一つだけ皆さんにお伝えできることがあるとすると、数少ないチャンスを活かして、真剣にリスキリングを行うことができれば、複数の業務や職種を経て、自分の目標にたどり着く可能性を高められるということです。

【2】これから注目される分野

リスキリングを広める活動をしていると、「何をやったらいいでしょうか」「どんなスキルを身につけたらよいでしょうか」という質問をたくさんいただきます。ここからは、この質問にお答えしていきます。

「成長産業への労働移動」という点をふまえ、おすすめしたいのは、成長産業についての知識の蓄積や関連するスキルの習得です。ただし、リスキリングが一過性のものではないことを考えると、これからご紹介するポイントを押さえつつ、中でも皆さん個人が関心の高いものを選んで、本業との組み合わせ方を考えていっていただきたいと思います。

①将来の選択肢を広げられる成長分野

これから、海外のリスキリングのトレンドも考慮し、将来の選択肢を広げられる成長分野として4つの分野（❶グローバル、❷デジタル、❸グリーン、❹宇宙）をご紹介します。

実は今後、この4分野は密接に関わり合っていくことが予想されます。例えば、日本人で最新のデジタル分野のスキルを身につけようとするなら、間違いなく英語（もしくは中国語）での情報収集、講座受講が必要になります。そして、グリーン分野、宇宙分野でこれから新しく必要となるスキルは、デジタルテクノロジーを前提としています。宇宙分野の事業開発の多くは、地球環境の変化への対応という側面を持っているので、グリーン分野関連の知識やスキルはとても役立つことになることでしょう。

特にすべてに横断的に関わるデジタルスキル習得でつまずくと、その他のスキル習得の大きな障害になる可能性が出てきます。新しく成長している産業分野の動向を調べることもリスキリングのプロセスとして重要ですので、ぜひ関心のある分野のスキル習得に向けて情報収集を開始していただきたいと思います。各分野の課題を知ることと自体が、リスキリングに取り組む大きな一歩になります。

❶グローバル分野

訪日外国人数は2024年3月には、ついに月間300万人を超え、単月では過去最高の数値を更新しました。観光立国としてインバウンド需要を戦略的に捉えていく必要があります。

このグローバル分野は、日本の眠れる成長市場なのではないかと思います。海外進出というと、一部の日本の大企業だけに限った話と捉えられてしまう可能性もありますが、インバウンド需要のさらに先を見据えて、今販売している商品、サービスを海外展開していく、ということが考えられます。そうすれば、日本市場における価格維持を気にせず、海外での販売価格を設定できるのです。いうなれば、「今あるものを高く売る」ことができます。

訪日外国人が増えている一方で、2019年12月には23・8%だった日本人のパスポート保有率は、2022年12月には17・1%まで大きく下落しています。これは全国平均の数値で、東京は約30%ですが、地域によっては10%以下のところもあります。同じ島国でもイギリスのパスポート保有率は2019年時点で76%、アメリカは44%と、大きな差があります。

つまり、この数字から読み取れるのは、コロナ禍の影響もあるかもしれませんが、海外進出を前提とした仕事をしている人がどんどん少なくなっているという現実です。もちろん、パスポートを持っていないにもかかわらず、英語などの外国語が堪能で、輸出業務などでバリバリ活躍している方もいらっしゃるかと思いますが、少なくとも100人中83人の方は海外に行くことを前提に仕事をしていないということです。訪日外国人は増え続け、日本に対する注目が高まっているのに、日本人は海外に行くことができる人が100人中17人しかいない、これは本当にもったいないことです。

この「もったいない」状況は、働く私たちにとってはチャンスでもあります。外国語を駆使して、訪日インバウンド関連の仕事をする、日本の素晴らしい製品やサービスを海外展開する、といったニーズは、これからも大きくなるはずです。

そこで、こうしたグローバル分野で活躍したいけれども、最初のきっかけを起こせないという方におすすめしたいのが、3カ月間の語学留学です。なぜ3カ月間かというと、国ごとに異なりますが、英語圏ではビザなしで渡航できる期間が最大90日という国が多いからです。また、なぜ語学学校か、というと、海外の大学や大学院へ留学する際に準備や金銭の確保が大変なのとは違って、決断すれば誰でも手軽に行くことができるからです。

新卒入社時のTOEICの点数が380点だった私は、英語コンプレックスと海外で働きたいという思いからまず語学留学をしてみようと考えました。会社に許してもらうことができなかったので、退職して3カ月間、ニューヨークの語学学校へ行きましたが、この3カ月がなかったら、今の私はありません。現在では、英語で仕事ができるようになり、世界の最新情報にアクセスできるようになり、世界のさまざまなコミュニティに所属できるようになり、世界中に友人や仕事仲間ができました。一番大きな財産は、

「日本での働き方が標準なわけではない」

という客観的な比較ができ、選択肢を持てたことです。中高年の短期語学留学の最大の目的は、

「全く違う価値観に触れ、自分の価値観をぶっ壊し客観視する」

ことです。

これを留学業界では「リセット留学」と呼びます。自分の今までの人生を一度リセットするために語学留学をするのです。行けばわかりますが、今まで築いてきたことがほとんど通じない、放っておくと誰も相手にしてくれない、そういった環境でプライドを捨てて自らつかみ取る習慣がつきます。また、失敗を許容しない完璧主義すぎる日本の価値観の中で生活することが苦しい方には、目から鱗が落ちる経験ができると思います。

短期間海外留学をすると、新たな自分の価値に気づくことができます。言うまでもなく、再認識できるのは、日本人は全世界的に見ても、相対的にとても優秀だということです。OECDが実施している「国際成人力調査（PIAAC《ピアック》）」では、「読解力」「数的思考力」において日本は世界1位となっています。年齢別のデータで見ても、日本の中高年のスコアは他のOECD諸国と比較しても圧倒的に高いという結果を示しています。

狭い日本の職場の中だけの価値観で、自分自身を評価してしまうのはとてももったいないことです。自分の活躍できる舞台がたくさんあることを海外に出ると気づかせてもらうことができます。

一番の課題は、ほとんどの方が「家族や仕事から離れて、90日間の語学留学なんて無理」と決めつけていることではないでしょうか。多くの場合、真剣に方法を考えずに、「家族に反対されるに決まっている」「上司は許してくれない」と思い込んでしまっているのではないかと思います。周囲の気持ちに忖度《そんたく》して決めつけるのではなく、実際に、家族、会社と交渉してみる価値はあります。例えば、正式に3カ月間休職したいと申請し、どうなるか試してみてはいかがでしょうか。

2023年12月の日本経済新聞で、長期の有給休暇（サバティカル休暇）を活用した留学や資格取得に取り組む企業や従業員の事例について特集されていました。働き方改革の浸透とともに、少しずつ働き方の自由度にも変化が現れています。

3カ月間の語学留学を経れば、自分にできることが増えているとすぐに気づけるはずです。例えば、職場復帰した際に、英語を活用して海外のベンチマークとなる企業のリサーチをするといったことです。交渉の窓口など、より英語力が問われる業務までできるかは、個人差が出るところではありますが、少なくとも簡単な会話レベルはできるようになっていると思います。残念ながら、職場で活かせる機会がすぐ得られない場合、就業時間外の帰宅後や週末に副業やボランティアで英語を活用することも可能です。

訪日インバウンド対応などは、本当にギリギリの状態で最低限レベルのサービス提供に留まっているところがほとんどないのではないかと思います。全国各地に出張へ行くと、外国語対応がきちんとできているところは本当に少ないですから、そのような業種に注目すれば、語学留学によって定年後の選択肢を増やすことができそうです。周囲が内向きになっているからこその逆張りです。グローバルスキルの希少性は高くなり、身につければ活躍できる舞台が全世界に広がるのです。定年後の新たなキャリアを視野にいれて、3カ月間の語学留学に取り組んでみてはいかがでしょうか。

❷デジタル分野

スイスのビジネススクール「IMD」が最新の「世界デジタル競争力ランキング」を2023年11月に発表しました。これは毎年発表されているもので、アメリカが1位に返り咲きました。2位はオランダ、3位がシンガポール、4位がデンマーク、5位がスイスとなっており、上位の国々は常連国で、早くから国家施策としてリスキリングに本気で取り組んできた国々です。

そして、日本はついに過去最低の32位までランキングを下げてしまいました。私はこの指標を2018年から見ているのですが、当時の22位から10ランクも落ちています。

新型コロナウイルス感染症による影響で、仕事の進め方が変わり、日本でもデジタル化が進んだような感覚がありますが、実はそれは他の諸外国でも同様であり、日本は相対的に降下し続けているのです。APAC地域での評価では14カ国中8位、まさにデジタル後進国としての立ち位置ではないでしょうか。また、分野別ランキングの「人材」では、なんと49位まで下落しているのです。

先ほど、OECDの国際成人力調査の結果をご紹介しましたが、実はもうひとつの評価があります。それは「ITを活用した問題解決能力」という項目です。この項目も日本は世界1位ではありますが、年代別に見ると、中高年は若い世代と比較してOECD平均値に近づく成果となっています。やはり、日本の中高年の課題は、デジタルスキルなのです。

リスキリングを広める活動をしている中で、デジタル化に好意的でない方に時々お目にかかります。多くの場合、「うちの会社には必要ない」というものです。本当にそれが正しいかどうかわかりませんが、さまざまなデジタルテクノロジーを使って何ができるのか、という事実そのもの、活用事例をご存知ない場合が大多数ではないかと思います。

また、10名以下の小企業だから必要ないというお話もありますが、少人数で1人当たりがやらなくてはいけないタスクが多く、負荷が高いからこそ、デジタルを活用した効率化が実は必要です。立ち上げたばかりの数名のスタートアップなどを経験している方には特におわかりいただけるかと思います。

現時点でデジタル分野に関心のない方ほど、一部の専門家によるデジタル分野のスキル習得を軽視されている意見などに誘導されがちです。気をつけなくてはいけないのは、デジタル分野のリスキリングを自ら行っていない研究者のような立場の方ほど、「非デジタル」をすすめます。残念ながらそれは、今起きているテクノロジーの劇的な変化を目の当たりにしていないがゆえに生じる誤った見解です。デジタル側の人たちは、あえてそれを力説しません。それはわかりきっていることでもあり、わざわざお節介に伝える必要がないからです。これから進む労働市場の変化のリアリティを理解しているかどうかの差異は、現在の仕事内容から見える「景色」の違いによって生じます。

デジタル分野のスキル習得において、まず目指すべきは、周囲に迷惑をかけない「使える」レベルです。新型コロナウイルス感染症によるロックダウンにより、デジタルツールの活用は大きく進歩し、Ｚｏｏｍを活用したオンライン会議などが一般的になりました。ところが、中高年、特に役職が高い方の中には周囲のスタッフがすべて事前にセッティングして、自分は画面の前に座っているだけ、実際に使うことができないという方が多いのも実情です。定年後の転職など、環境変化を視野にいれると、自分でデジタルツールを使えるようになっていないと、一般的な求人応募の際には大きなハンディキャップとなります。

特に習慣として身につけるべきは、「自分で調べて、自分でやってみる」という基本的なことです。例えば、トラブルシューティングが必要な際、人に聞いてやってもらうと永遠に解決方法を覚えないわけですが、自分で調べて自分で解決しようとやってみると、次に問題が起きたときに自分で対応ができるようになります。

ここで、最低限知っておきたいこと、自分一人でできるようになっておいたほうがよいことを挙げておきます。

《知識》

・ＡＩの基礎理解と最新情報（ディープ・ラーニング、生成ＡＩ等のニュースを読んで理

解できるレベル）

・自分の所属する業界×テック（フィンテック、アドテク〈AIなどの情報技術を活用した広告サービス〉、エドテック〈AIなどの情報技術を活用した教育サービス〉等）の最新情報。もし可能であれば、自社のベンチマークとなる海外企業や競合企業の利用状況

・その他、テクノロジーの基礎（IoT、ブロックチェーン、メタバース、VR／AR等）

《ツール》

・Microsoft 365等のビジネス文書を扱うサービス

・クラウド上での文書作成や修正

・OneDriveやGoogle Drive等の保存フォルダの活用と書類の共有

・Slack、Microsoft Teams、Chatwork等のコミュニケーションツール

・Zoom、Microsoft Teams等のオンライン会議ツール

・PDF等のオンライン記入や署名

・クラウドサイン等のオンライン契約
・DeepL等の自動翻訳ツール
・ChatGPT等の生成AI
・最低限のSNS活用

《設定・管理》
・2段階認証の設定（Google Authenticator、生体認証等）
・Slack等、仕事で使っているアプリのスマホ設定
・一般的なトラブルシューティング

❸グリーン分野

122ページでも簡単に触れましたが、グリーン分野も今後の成長が期待できる分野です。

グリーン分野とは、地球温暖化への対応を成長の機会として捉えた場合に見えてくる、あらゆる可能性（産業分野）を含みます。

例えば、経済産業省は2021年に「グリーン成長戦略」を策定し、成長が期待される14の重点分野として「洋上風力・太陽光・地熱」「水素・燃料アンモニア」「自動車・蓄電池」「半導体・情報通信」「食料・農林水産業」などを選定しています。2050年の経済効果は約290兆円、雇用効果は約1800万人と試算しています。2兆円の「グリーンイノベーション基金」を設立するなどして、これらの分野での企業の挑戦を強力に後押ししようとしています。

海外でリスキリングと言った場合、8～9割は新しく必要となるデジタルスキルの習得を指していることが多かったのですが、ここ数年、欧米で急速に必要性が唱えられているのが脱炭素化に向けたグリーン分野のスキルの習得です。

UNIDO（国連工業開発機関）は、グリーンスキルを「持続可能で資源効率の高い社会で暮らし、社会を発展させ、支えていくために必要な知識、能力、価値観、姿勢のこと」と定義しています。

この分野の最大の課題は、地球温暖化防止など脱炭素化に向けた市場技術開発、新規事業開発、人材育成が急務であるにもかかわらず、その人材が少ないことです。戦略コンサルティングサービスを展開している米国のベイン・アンド・カンパニーの調査では、2030年までに英国では400万人の労働者が「グリーン・リスキリング」を行う必要があると試算しています。また、先述した「Global Green Skills Report 2023」には、世界中で、グリーンスキルを1つ以上持っている労働者は8人に1人しかいないとの調査結果が出ています。こうした調査結果はリスキリングを開始しようと考えている方々には朗報と言えるでしょう。

グリーンスキルを学ぶ場としては、例えば、「Terra.do」などといった、気候変動対策に必要なスキルや知識を学習するためのプラットフォーム（オンラインスクール）が海外では立ち上がっています。こうしたプラットフォームに先んじてアクセスすることで、将来必要となるグリーンスキルをいち早く発見し、習得に向けて準備をすることができます。

また、顧客管理システムなどを提供する米国企業「セールスフォース」は、「Net Zero Cloud」というグリーン分野の関連データを管理できるプラットフォームの提供を開始しています。このプラットフォームでは、自社のカーボンフットプリント（製品やサービスの原材料調達から廃棄・リサイクルまでの間に排出される温室効果ガスの総量をCO$_2$に換算したもの）を分析したり、出張などによる温室効果ガスの排出量を計測したりすることができます。すでに多くの会社で顧客管理システムなどを設計・運用するスキルを持った人材が活躍しているように、今後はこうしたプラットフォームを活用するスキルなどが重宝されるようになっていくのではないかと考えられます。

日本でも、グリーン分野のスキル習得支援に向けた動きは始まっています。2023年度から、カーボンニュートラル（温室効果ガスの排出量と吸収量を均衡させること）の実現に向けて産学官が協働する取り組みとして、「GXリーグ」が動き出しています。GXとは「Green Transformation」の略語で、社会システムや産業構造を化石燃料中心からクリーンエネルギー中心へと移行させる変革のことですが、この取り組みでは「GXスキル標準（GXSS）」が定められ、GXを担う人材像についても紹介されています。

また、日本では、環境省などによって、省エネ設備の導入などによる温室効果ガスの排出削減量や適切な森林管理による温室効果ガスの吸収量を「Jークレジット」として認証する制度が創設され、その運用のためのガイドラインも制定されています。そういった仕組みを組織内で運用していくスキルも、今後はグリーンスキルとしてより一層求められていくのではないかと考えられます。

❹宇宙分野

そして、これから間違いなく重要になってくるのが、宇宙分野のスキルの習得です。米国のNASA、日本のJAXAなどの国レベルの活動に加え、民間でもアマゾン創業者のジェフ・ベゾス氏が立ち上げたブルーオリジン、イーロン・マスク氏が創業したスペース・エクスプロレーション・テクノロジーズ（通称スペースX）、ヴァージングループ会長のリチャード・ブランソン氏によるヴァージン・ギャラクティックなど、たくさんの企業が宇宙関連事業にすでに挑んでいます。

これらの有名な起業家の活動については日本のニュースなどでもお馴染みですが、実はもうすでに全世界で1万社以上の宇宙関連企業があるレベルになっているのです。

2020年にスタートアップ系メディアのTechCrunchが主催した宇宙ビジネスのイベントにオンラインで参加した際には、すでに数多くの宇宙分野のスタートアップが鎬《しのぎ》を削っており、とても驚きました。また、2023年には宇宙分野で働くためのリスキリングに関するウェビナー（オンラインセミナー）なども開催され、米国ではすでに宇宙分野のスキル習得に向けた具体化が始まっているのです。

例えば、日本でもデブリ（宇宙ゴミ）を回収するスタートアップのアストロスケールや、実業家の堀江貴文氏が創設したインターステラテクノロジズなどに対して、政府が大規模な補助金を投じ始めています。大企業でも、花王は宇宙で使える水不要のシャンプーを開発し、三井住友海上火災はロケットや人工衛星の損害などを補償する宇宙保険を提供しています。

なぜ早いタイミングで宇宙分野のリスキリングに注目していただきたいかというと、今までの常識が通用しない中、やってみないとわからないことだらけで、早く飛び込んでノウハウを習得したもの勝ちという側面があるからです。

例えば、2024年1月にニュースサイトのForbes Japanに掲載された記事に、『宇宙空間で育てたレタス』に食中毒のリスク、米研究者が指摘」というものがありました。デラウェア大学の最新の研究で、「宇宙空間の無重力の環境で栽培されたレタスは、地球上よりも大腸菌やサルモネラ菌などの細菌に感染しやすい」ということが判明したそうです。これから宇宙旅行や宇宙で生活する時代になった際に、こうした予想外の新たな事実が判明し、その中で新たな事業を構築していく必要があるわけです。

こうした宇宙関連の製品やサービスに関わるには、当然、宇宙分野の知識を新しく学ぶ必要があり、これから未開拓の新しいスキルが次々と生まれていくことが予想されます。

②少子高齢化が進む中で重要となる介護分野

ご紹介した4つの成長分野に加えて、少子高齢化が進むこれからの日本で重要となるのが、介護分野のスキル（ケアスキル）です。

シンガポールで職業訓練を手掛ける政府機関（SkillsFuture Singapore）は2021年、国民が身につけるべきスキルとして、デジタル、グリーン、そしてケアの3分野を推奨することを発表しました。日本にとってすべてが参考となりますが、特にここではケア分野についてご紹介します。この分野に関わる産業として、ヘルスケア、ウェルネス、コミュニティケア、幼児教育、一般教育、成人教育を挙げています。シンガポールは日本と同様、急速な高齢化が進んでおり、２０３０年には国民の４人に１人が65歳以上になる予測が出ています。それを前提に早いタイミングから対策を立てているのです。

今後、少子高齢化が進む日本では、特に介護分野のスキルを持つ人の育成が今まで以上に重要になっていきます。リクルートワークス研究所が２０２３年に発表したレポート「未来予測２０４０ 労働供給制約社会がやってくる」において、業界ごとの労働需給ギャップの予測を出していますが、介護サービスは特に需給ギャップが大きい分野です。２０３０年の需要が１９９万人、供給が１７８・１万人、２０４０年の需要が２２９・７万人、供給が１７１・７万人と予測され、さらに需給ギャップが拡大するというのです。

生成ＡＩなどの影響でホワイトカラー職の激減が予測されていますが、この大きな需給ギャップを解消するべく、介護分野の生産性向上のためのデジタル導入に加え、ホワイトカラー分野からの労働移動を推し進める施策なども増えてくるのではないかと考えています。

3. AI時代に求められる「学際的スキル」

【1】人間の労働の価値を高める

先述の通り、「定年4・0」の時代の前提には、AIの進化があります。これから訪れるのは、AIと一緒に働く時代です。その事実をふまえ、リスキリングに取り組む際に、ぜひ取り入れていただきたいのが「学際的スキル」という考え方です。

①AI時代に人間の雇用を維持するには

「学際的」とは、英語の「interdisciplinary」という言葉が元になっていて、「複数の異なる専門分野にまたがる、分野の垣根を越えた」という意味です。ビジネスの世界における「学際的スキル（interdisciplinary skills）」を一言でまとめると、次のようになります。

・学際的スキルとは、「複雑な問題を解決し、新たな洞察を生み出し、イノベーションを起こすために、2つ以上の異なる分野の知識を統合し、応用する技術のこと」

当然のことながら、この学際的スキルは、短期的に培われるものではありません。自身がこれまで所属してきた組織の業種、職種などを通じて得てきた知識、経験、スキルなどをベースに、リスキリングを通じて新しいスキルを足していく、場合によっては掛け合わせていくことが必要になってくるということです。

ＡＩは一つの分野を深化させていくことは得意ですが、複数の分野の知識を結びつけて現時点で存在していない考え方や知識を作り出すのは不得意です。人間ならできる独自に考えついたり、応用したりといったことができるレベルには、現時点で到達していません。

だからこそ、AIが提供する価値とは異なる価値を人間が提供していこうと考えたときに、この「学際的スキル」が重要となってきます。AIによって、事務作業を中心とした役割はどんどん自動化されていきます。私たちは、事務作業として自動化できない領域、すなわち、未だ解決に至っていない社会課題そのものを明確化する、新たな解決策を模索し構築するといった仕事を担っていく必要があります。

私たち人間は、「問いを立てる力」を強化する必要があり、未解決の課題を解決していくために複数の視点や経験から培われるスキルを持つことがより一層重要になっていくということです。

②リスキリングによって「学際的スキル」を鍛える

ここからは、具体例として、私がリスキリングに取り組む中で、結果的に「学際的スキル」が鍛えられることになった過程をご説明していきます。

前述のように、2013年、オックスフォード大学のマイケル・オズボーン准教授らが発表した論文「The Future of Employment」で、米国の総雇用者の47%の仕事が自動化の影響によって消失する可能性が高いという予測が発表されました。当時話題になっていたその論文の存在を私が知ったのは、2014年に米国出張したときで、大変衝撃を受けました。「社会課題を解決するために自分は仕事をするんだ」という職業観を持っていたので、「これからテクノロジーの進歩とともに人類が直面する最大の社会課題は、人間の労働が代替され、雇用が消失する未来なんだ」と考えるようになったのです。

そうした現象を英語では「technological unemployment（技術的失業）」と呼ぶということを知り、海外出張の度に国際会議などで会う有識者の方々に、どうやったら技術的失業は防げるのか、という質問をしていきました。しかし、すぐにわかりやすい解決策が提示されるわけもなく、雇用を減らしていく側の自動化技術の論理やビジネスがわかっていないと、この技術的失業を未然に防げないと思い、AIの分野で仕事ができるようになりたいと強く思うようになりました。ところが私は、AI関連のスキルを持ち合わせておらず、自分が掲げた目的に近づいていっているとは思えない日々が続きました。

そして、2016年に参加したテクノロジー分野の国際会議で、どうやら「reskilling（リスキリング）」がその解決策になるようだ、という話を耳にするようになりました。と同時に、40代だった自分が行っていたAI分野への転職というチャンスをつかむためのスキル習得のプロセスそのものが、どうやら「リスキリング」の実践らしいということにも気づいたのです。

本当に数少ないチャンスを活かすことができ、AIスタートアップの仕事に就くことができたのは、2019年、47歳のときのこと。それからは、AIにできること、AIが苦手なことについての理解が深まり、技術的失業が起きるリアリティを日々感じるようになっていきました。日々の業務と並行して、海外におけるリスキリングの成功事例を調査したり、実際に仕事としてサービスを提供している人たちへインタビューをしたり、という個人的な活動を開始しました。

そんなときに、新型コロナウイルス感染症が全世界的に広まり、デジタル分野を活用した非対面型のビジネスがそれまで以上に注目されるようになり、デジタルスキル習得の必要性が一層高まりました。そこで、日本でリスキリングを広める活動を本格的に開始したのです。

筆者が経験した「学際的アプローチ」

出典：一般社団法人ジャパン・リスキリング・イニシアチブ

過去を振り返ってみると、20代後半から30代にかけて、「人材育成分野」のスキルを、仕事を通じて得てきました。そして、30代後半から40代にかけては、「（非営利分野における）社会課題解決分野」のスキルを身につけていました。そして、本当に苦しかった40代ですが、この時期にキャリアチェンジして「デジタル分野」のスキルを身につけました。

私は決して、30代の頃に、「よし、リスキリングを広めるキャリアを構築しよう」と計画的に仕事をしてきたわけではありません。時間はかかりましたが、結果的に、人材育成分野・社会課題解決分野・デジタル分野という3つの領域の知識・経験・スキルの結晶が、「リスキリング」という、まさに学際的なアプローチが求められるテーマとの出会いにつながりました。

③国も後押しする「学際的」なアプローチ

実は、このような学際的スキルの獲得に対しては、国レベルでもさまざまな形で後押ししようという動きが出てきています。ここからはその代表的なものをご紹介します。

❶内閣府が提唱する「総合知」

内閣府は、科学技術のイノベーションを推進する立場から、「総合知」の重要性を提唱しています。総合知の意味は、「多様な『知』が集い、新たな価値を創出する『知の活力』を生むこと」としており、「学際的な知識」と言い換えることが可能だと思います。

この総合知という考え方が重要性を増す理由として、社会課題の複雑化と情報爆発、知識の細分化と専門化が挙げられています。

一つの専門分野の知見で解決できないような社会課題が放置され、未解決になっていることが多くあります。そして、それらの課題の中にこそ、今後求められるであろう新しいビジネスの種が埋もれているとも言えそうです。特に日本は世界に先駆けて、少子高齢化と労働人材不足を解決していく必要があります。

そして、その総合知の活用方法としては、次のようなポイントが挙げられています。

(a) 属する組織の「矩《のり》」を超え、専門領域の枠にとらわれず、多様な知を持ち寄り、
(b) ビジョンを形成し、
(c) バックキャストしつつ課題を整理し、
(d) 連携を取りながら専門知の組み合わせにより解決することで、
(e) 目指す未来を実現する

これらのうち、特に3つ目の「バックキャスト（backcasting）」は、あるべき未来像

から現状を見て解決すべき課題を考える手法で、働く個人もこの考え方を取り入れることで、さまざまな将来への対策を考えることができます。リスキリングする際に、ぜひ取り入れていただきたい考え方です。

❷文部科学省が後押しする「ダブルメジャー」

2020年度に文部科学省が開始した大学・短期大学を対象とした事業に、「知識集約型社会を支える人材育成事業」というものがあります。「今後の社会や学術の新たな変化や展開に対して柔軟に対応しうる能力を有する幅広い教養と深い専門性を両立した人材を育成することを目的」とした財政支援を行っています。

特に興味深いのは、「文理横断・学習の幅を広げる教育プログラム」として、2つの専門科目を専攻するダブルメジャーや、分野融合の学位プログラムなどといった、複数の分野を理解し習得することを後押ししている点です。新潟大学、金沢大学、信州大学、大正大学、東京都市大学などの事業が採択され、それぞれ個性あるプログラムを提供しています。

また、文部科学省所管の独立行政法人である日本学術振興会は、「人文社会科学系分野の大学院において、データサイエンス・コンピュータサイエンスの素養を持った人材を育成することを目的」として、2022年度から「デジタルと掛けるダブルメジャー大学院教育構築事業〜Xプログラム〜」という事業を展開しています。

このような動きのうち、特にダブルメジャーは、これから新しい分野を学んでいく上で欠かせない考え方になっていくのではないかと思われます。

例えば、2024年3月に「2つの専攻分野を持つ『ダブルメジャー』が一般的になる?……レイオフやAIの脅威に対して有利に」という記事が、ビジネスニュースサイト「Business Insider」に掲載されました。全米経済研究所(NBER)が2024年1月に発表した論文について書かれており、中でも重要な発見として、次のような考察がありました。

- **ダブルメジャーの人は、シングルメジャー(専攻が1つ)の人に比べて、失業や減給といった要因に関連した収入の変化、「アーニング・ショック(earnings shocks)」を経験する可能性が56%低い**

・ChatGPTのような新たなAIのテクノロジーが仕事の一部、あるいは仕事全体を置き換えるかもしれない未来において、ダブルメジャーの人はより良いポジションにいられる可能性がある

つまり、ダブルメジャーを持つ人は、AIがもたらす影響に対してもより早く適応し、仕事の安定性を高めることができる可能性があるというのです。

【2】副業を活かす「二刀流キャリア」

ここからは、「学際的スキル」というテーマをより具体的にイメージしやすくするために、「二刀流」というキーワードを使ってご説明します。

米国大リーグでの大谷翔平選手の大活躍によって、脚光を浴びるようになった「二刀流」ですが、そもそもは、江戸時代の剣豪・宮本武蔵が両手に異なる種類の刀を持って戦うスタイルを指し、文字通りの「二刀流」として広まった言葉だと思います。

そこから転じて、「2つの要素を兼ね備えている、2つの異なる分野で同時に能力を発揮している」といった意味で使われるようになっています。

この二刀流を、私は「本業と副業」という意味で使っていますが、副業は「学際的スキルを磨く機会」として捉えると、とても魅力的な選択肢となります。私は、講演などで「二刀流キャリアを目指せ」と言って、皆さんに副業を持つことをおすすめしています。

①副業で、将来の自分の雇用の安全性を高める

これまでの日本では長らく、本業を極めることがよいこととされ、副業は本業の邪魔になるといったマイナスの視点で見られることのほうが多かったように思います。副業を禁止する企業が多く、二刀流キャリアの実現は難しい環境にあったと言えます。

ですが、ここ数年、副業が認められている会社の割合は年々上昇していて、転職サイトのdoda《デューダ》が2023年8月に行った副業の実態調査では27・5%となっています。ただその一方で、実際に副業を行っている人の割合は8・4%となっており、未

だマイノリティであることがわかります。

副業を行う理由は、収入アップ、自己実現、リスキリング等、さまざまあると思いますが、私は「学際的スキルの獲得」という観点で、副業によって全く分野の異なるスキルを掛け合わせていくことが、将来の自分の雇用の安全性を高めていくと考えています。そして、副業を通じて、個人のやりたいことを拡張していくことで、個性豊かな一人ひとりの固有のスキル——私は「identification（身分証明／ＩＤ）」を表すスキルという意味で、「ＩＤスキル」と呼んでいます——が培われていくと期待しています。このＩＤスキルこそが、ＡＩに対抗しうる人間が持つ究極のスキルであるというのが、私の考えです。

②両極端を併せ持つ「意外性」がカギ

二刀流キャリアを築くにあたってのヒントは、実は意外なところに転がっています。テレビの世界です。

テレビは出演人数枠が決まっていて、さらにその番組の中での立ち位置や役割が決まっていて、同じタイプの人が複数出る必要がないことが多いようです。そのため、その希少な出演枠を獲得するために、出演者が自分からアピールして仕事を取りにいく姿勢がとても積極的に出ています。特に、自分の本業での活躍の機会が減っていく中で、新たな自分の差別化戦略を行っているようにも見えます。

国民的アイドルだったSMAPがなぜバラエティ番組で活躍するようになったのかご存じですか？　1990年代に入り、1980年代に全盛だった歌番組が少なくなり、露出機会を別に探さなくてはいけなくなったからと言われています。以前のアイドルは容姿端麗で歌って踊ることを極めていればよかったわけですが、時代の変化とともに、歌って踊れることに加え、笑いが取れることが求められるようになっていきました。

いわばアイドルがお笑い芸人の領域に進出するという「意外性」によって、新たな出演枠（仕事）を獲得してきたという経緯があるということです。

そのような「意外性」を利用したアイコンとしてまず思い浮かぶのが、松平健さんの「マツケンサンバⅡ」です。一流時代劇俳優として活躍されていた中、50歳のときに「マツケンサンバⅡ」がリリースされ、現在まで何度もブームを巻き起こしています。時代劇のイメージと異なり、笑顔で歌って踊る松平健さんはグッズにもなり、女子高生にも愛されるキャラとして認知されています。

こうした相反する意外性をウリにしている芸能人はほかにもいます。例えば、俳優の哀川翔さんは任侠《にんきょう》映画での活躍から「Ｖシネマの帝王」と呼ばれるに至っていますが、最近では俳優業に加えて、昆虫飼育、特にカブトムシ飼育に詳しいことでも有名です。また、強面《こわもて》のイメージが強い俳優の的場浩司さんは、スイーツマニアとしての活動がメディアに取り上げられています。強面な的場さんがかわいいスイーツを紹介している「意外性」がやはりウケているのだと思います。こうして「意外性」を活用して、そして、その意外性を持っている人が少ないという「希少性」も活かして、二刀流キャリアを築くということが芸能人の世界では一般的になってきているように思います。

これを私たちに置き換えて考えてみると、定年後に自分の就きたい仕事をするために、希少な「雇用枠」を争っていくことが予想されます。そのため、自らの差別化に成功し、多様な仕事の依頼が来ている芸能人の方々の姿は、これからの「定年4・0」の時代を生き抜く必要がある中高年の方々の働き方に大きな示唆を与えてくれます。

皆さんも自分の中で眠っている「意外性」や「希少性」を活かして、二刀流キャリアを築いていくことで、自分の未来の雇用を確固たるものにしていただけたらと思います。

学際的スキルの事例を研究している際に、とても興味深いニュースをブルームバーグの記事で見つけました。米国の投資銀行であるゴールドマン・サックスのパートナーが音楽バーで自らの引退について歌って踊っている、というお話です。

ここで注目すべき点は、ホワイトカラーの金融エリートが、エンタメという「意外性」を持った場で活躍している、という事実です。記事を読んでみると、幼少期にアマチュアミュージカルの舞台で歌っていた経験があり、それを活かして自分の引退をエンターテインメントにして披露したということです。

これは今後のキャリアを考えていく上で、とても価値のある出来事だと思います。俯瞰《ふかん》してみると、以下のように再現可能性のある形で誰でも活かせるのではないかと思うのです。

(a) 副業的なもので築いた専門性で仕事を受注する
(b) 意外性による話題創出で、認知を向上させる
(c) 垣根が溶解し、新しい分野を創出する

前述のように、これからは人間とAIやロボットなどのテクノロジーの活用による労働分担が明確に進んでいきます。その中で、「人間なのにすごい」というエンタメ市場は、これから大きな価値や意味合いを持つのではと考えています。この傾向が進んでいくと、エンタメを含む趣味の世界とビジネスの世界が徐々に融合して、新しい分野、新しい「IDスキル」が次々と生まれていくのではないかと注目しています。

③副業が別の「本業」を生み出す

これからは、誰でも自分の好きなことに本気で取り組み、それが副業となり、本業

を行いながら複数のスキルを身につけていくことが求められる時代になっていくと思われます。

海外でビジネスを行っている際に、最近「ＳＭＥ（Subject Matter Expert）」という言葉を頻繁に聞くようになりました。よい和訳がないのですが、「特定の一つの分野の専門家」を指す言葉です。例えば、私自身は、リスキリングという分野におけるＳＭＥという位置付けになります。

ここでお伝えしたいことは、「定年４・０」の時代を迎えるにあたり、会社員の方も何か一つ、ご自身の本業以外に、趣味も含めた専門家として自分の得意分野を持ち、できれば時間をかけて複数の分野のスキルを身につける努力をしておくことが、不確実な時代に自分自身のキャリアや雇用を支える「芸は身を助ける」好循環を生み出すだろう、ということです。

前述のように、副業を実際に行っている方の比率はまだまだ1割以下のようですが、副業を活かして素晴らしい二刀流キャリアを築いている方々の活躍を目にするようになりました。ここでは、そんな方々を３人ご紹介します。

❶出版社に勤務しながらチョコレート専門家に

東洋経済新報社のマーケティング部門に勤務する荒木千衣さんは、趣味が副業となり、仕事と趣味の境界線を超えた非常にユニークなキャリアを築いています。「100人に1人」の人材になるためにはどうしたらいいかと考えて、毎日3種類のチョコレートを食べ、その記録を残すためにブログを書いていくことを始めたのです。これもある種のリスキリングのような経験ですが、ブログの操作方法なども全くわからないところからの出発だったようです。だんだんブログ経由で取材がきたり、イベントへの登壇の依頼などがくるようになり、そこで、所属している会社に就業時間外や休暇、週末を活用して副業を行う許可を取りました。1年間に1000種類というペースで食べ続けたチョコの数は、すでに7000種類を突破し、現在も「毎日チョコ生活」というブログを書いています。

以前ご本人にお話を伺ったところ、チョコレート関連のお仕事の経験から、デジタルマーケティング分野の知識やスキルが増えていき、出版社の本業において役立っているとおっしゃっていました。

❷「プロミーハー」という新たなジャンルを開拓する会社員

金融機関で働く古川剛也さんは、ニューヨーク州弁護士資格を持つ金融プロフェッショナルです。一方で、彼は芸能人やスポーツ選手の追っかけを本気で行う「プロミーハー」という趣味を持っています。「プロ」といっても収入を得ているわけではなく、休暇を使って世界の超一流選手などに会いに行って一緒に写真撮影したりサインをもらったりして、もう真似のできないレベルに達していらっしゃいます。このミーハーの方々が集まる「ミーハーの日」に登壇もされ、このジャンルのリーダーのような存在になられています。

金融プロフェッショナルで芸能人やスポーツ選手の追っかけを誰にも負けないレベルで本気でやるという「意外性」が、ここでもやはり注目される理由の一つではないかと思います。ミーハーという言葉は少しネガティブな印象を持たれることもありますが、優秀なビジネスパーソンが大真面目に、しかも、取材を生業とするプロ顔負けの「本当に会ってしまう」という結果を出すというところに、独自の面白さや人々の関心をひきつける魅力があるのではないかと思います。まだ、本業との融合にまでは至っていないかもしれませんが、今後必ずや、自らのＩＤスキルを活かして新ジャンルを創出するのではと期待しています。

❸フィジークの趣味から新規事業を生み出す経営者

観光業向けのマーケティング支援を行う企業の社長、松本慶大さんは趣味のフィジーク（主に上半身のバランスの取れた筋肉美をきそう競技）に参加しながら、健康関連の新規事業を立ち上げ、自身がその健康食品の広告塔の役割も果たされています。

趣味を自社の事業に関連付け、そこから新規事業を生み出すというプロセスについては難しいという側面もあるかもしれません。会社員の方は、趣味を自分の働く組織で事業化するというチャンスに恵まれない可能性もあります。しかし、定年４・０時代に自分で新たなキャリアを築いていく上では、挑戦しがいのある発想、楽しく仕事を創っていく素晴らしい実例ではないかと思います。

【3】個人事業主（フリーランス）で新たな人生を切り開く

第1章の冒頭で、定年4・0の時代とは、「リスキリングで現在の雇用に頼らない人生とキャリアを自ら創造する」とお伝えしました。

不確実なこれからの時代においては、現在存在している雇用枠だけに頼るのではなく、「学際的スキル」も駆使しながら、その枠を乗り越えて、自分の雇用を自ら作り出すことが、私たちにとっての究極のチャレンジになっていく、と考えています。つまり、リスキリングの結果としてたどり着く究極のゴールは、定年後も個人事業主（フリーランス）となって働き続けることだ、とも言えるわけです。

①リスクを取ってでも挑戦する必要がある理由

そこでここからは、なぜリスクを取ってでも、個人事業主（フリーランス）に挑戦することを視野にいれたほうがよいのか、ということをこの章の締めくくりとして見ていきます。

❶しばらくは「上の世代」が詰まり続ける状態が続く

２０２３年頃から、少しずつ、役職定年を廃止にしたという企業の話を聞くようになりました。例えば、２０２４年5月の朝日新聞の記事によると、大和ハウス、ダイキン、ＮＥＣといった企業が役職定年制度を廃止した、といいます。その結果、人件費は膨張するものの、ベテラン社員のモチベーションが向上した、というのです。年齢による差別が解消され、今まで通り活躍できるチャンスが継続できることはとても喜ばしいことです。

ただし、こうした状況が続くことを前提にすると、優秀な中堅社員の昇進を妨げる一因とも言われてきた「上の世代が詰まっている」問題は、今後も継続していくことになります。

そもそも、団塊の世代から団塊ジュニア世代にかけては、人口分布の中でボリュームゾーンであることに加え、今後、健康寿命、労働寿命が延びていくことを考えると、しばらくの間、定年後に高齢者が就くことができるポジションも詰まり続けていく可能性があります。

❷「リスキリングしないままでよい」雇用の絶対数が限られる

今後、少子高齢化が進んでいく中で、労働供給制約社会と向き合っていくことになるのは確かですが、人材不足を解消するためにシニアが活用されるかどうかは、不確実な変動要素も大きいと言わざるを得ません。

例えば、移民政策について大きな法改正があり、社会の受け入れ体制も整った場合、足りない労働力を海外の現役世代に頼る、という他国で受け入れられてきた社会構造に変化していく可能性もあります。その場合、シニアの雇用の優先度は下がっていくかもしれません。

また、今後のＡＩやロボットの進化を考えれば、仕事における人間の関与がどの程度必要とされるか、人間の雇用を守るための規制がどの程度適用されるかさえ、未知数であると言わざるを得ません。ＡＩやロボットが本当に人間の労働を代替できるようになる本物のシンギュラリティに到達すれば、シニアが働く市場そのものが限られてきます。その場合は、不十分ではありますが、ベーシックインカムを含む社会保障制度創設の議論が必要となります。

今後、定年制度がどのように変化していくかはわかりません。しかし仮に、定年制度を廃止して年齢に関係ないジョブ型雇用が一般的になるような場合には、65歳まで雇用が守られるという保証がなくなるため、より欧米型の実力社会におけるスキルベース雇用に近づいていく可能性もあります。保有しているスキルを正当に評価する雇用システムはフェアであるとは言えますが、そうした競争社会に慣れていない日本の高齢労働者にとっては向き不向きが出てきます。

役職定年制度が廃止された上、定年が70歳、75歳とさらに延びた場合でも、すべてのポジションに従来の処遇やポストが適用されるわけではない可能性もあります。そして、従来の処遇を維持できる方がより厳選されていくような場合には、リスキリングをしているかどうかがさらに重要になっていきます。

❸高齢者の雇用環境改善が放置される可能性

現在では少しずつ受け止められ方が変わってきていると感じますが、数年前までは、中途採用の際に、「年上の部下は使いづらい」ということを理由にした「○歳以下に限る」という公表されない採用側の意向がまかり通っていました。従来の年功序列社会を起点に考えれば、当然の結果であるとも言えますし、年齢差別が公然と行われている日本の転職市場のある種の歪《ゆが》みというか、不都合な真実とも言えます。

従来型の一般論としての経営者や上司の意向を考えれば、「年上の部下は使いづらい」というのはごく自然な発想であったと思います。人材不足でそんなことを言っていられないという追い込まれた状況であれば、こうした「年上は使いづらい」バイアスなどは取るに足らない問題になるかもしれません。

また、国や自治体がシニア雇用を支援しきれない可能性もあります。2024年4月には、地方自治体の持続可能性を研究する有識者グループである「人口戦略会議」が、全体の4割に該当する744自治体が最終的には消滅する可能性があるという分析結果を公表しました。当然、人口減少が加速し、自治体の税収が低下し、財源を確保できなくなっていくかもしれず、シニアの雇用を促進・支援していくような体制が整わないという事態も起こり得ます。

②「報酬を払ってもらえる能力」を高める5つの考え方

本章の冒頭でご説明したように、エンプロイアビリティは「雇われる能力」を指す言葉ですが、個人事業主やフリーランスの世界においては、「報酬を払ってもらえる能力」と置き換えてもよいのではないかと思います。私自身、今までに何度もフリーランスに挑戦して失敗して、ということを繰り返してきたので、その反省を元に大切なポイントを5つ挙げたいと思います。

❶仕事を受注するためには、「適切な人脈」の維持が必要

まず重要となるのが、仕事を受注するための努力です。もちろん、自分のウェブサイトを頻繁に更新し、SEO対策などをしっかり行って知ってもらう努力をすることも大切だとは思います。しかしその一方で、信用をまだ得ていない一見《いちげん》の見込み顧客

向けに売り込みをたくさん行っても、反応がイマイチということもあり得ます。そのため、フリーランスを成功させている方々を見ていると、顧客になる可能性のある人たちに会うことが可能な場に積極的に出ていくなどして、「頼まれる」ために必要な人間関係を維持する努力を続けられています。

自分から営業をしかけると、足元を見られて受注単価を下げられてしまったりするので、自ら営業はせず、「頼まれる」ように自分の価値を継続的に伝え続けているのです。人間関係を維持する方法は人によりますが、ブログなどで価値あるまとまった情報を発信し続ける人、ＦａｃｅｂｏｏｋやＬｉｎｋｅｄＩｎ等に日々投稿し、コメント欄を活用してアクティビティを維持する人、オフ会や勉強会などに足繁《あししげ》く通って自分の見込み顧客のリストをコツコツ作っていく人など、得意不得意に基づいたさまざまな方法で適切な人間関係を維持しています。

❷契約更新のためには、明確な「実績と貢献」が必要

通常、個人事業主（フリーランス）の場合、「手始めに単発の１カ月程度の仕事から」、または「３カ月間の業務委託から」といった形で短期の仕事から始まることが一般的

です。そのため、安定して契約更新されるようにするためには、依頼された業務を着実に実施することが大前提で、さらに定期的に目に見える実績を出し「続ける」ことが重要です。場合によっては、クライアントの外部環境の変化に合わせて、業務内容範囲の微調整や、さらなる高次の提案ができることなども求められます。

❸価格交渉力を持つためには、「差別化された価値」が必要

個人事業主（フリーランス）の世界では、仕事が欲しいがゆえに、クライアントとの価格交渉を苦手としている方もいらっしゃいます。特に、クライアントの社内で、自前で行うことができてしまうような業務内容の場合は、足元も見られて単価が安くなってしまったりもします。そのため、価格交渉力を保つためには、社内の労働力を使うことや他のフリーランスに依頼することとは異なる、「差別化された価値」が重要になってきます。

個人事業主（フリーランス）という選択肢を持つ上での必須スキルが、自分自身の価値を上手に相手に伝えるためのマーケティングスキルです。今までの業務の中でマーケティング分野の仕事に就いたことがない方は、ぜひご自身を客観的にクライアント

に売り込むためのマーケティング手法とスキルを身につけていただきたいと思います。例えば、デジタル分野においては、「シニアなのにデジタル分野に強い」という認知をされることは、一つのウリになります。

特に大きな会社で働いていると、評価されるために、ミスをしない「オペレーショナル・エクセレンス」が必要なことも多いと思いますが、独立する場合には、むしろ自分の価値を最大化するための仕組みを効率的に作る「マーケティング・エクセレンス」が求められることになります。

何が差別化要因になるのかは、人によって異なります。例えば、圧倒的な情報量を時系列に基づいて整理できる人、あるいは、自社ではリーチできないレベルの人脈を持っている人、仕事のプロジェクトに今後広がりがある場合にも対応可能なレベルを期待できる人など、さまざまです。

こうした差別化された価値が口コミなどで外部に伝わっていくと、「この人に頼むのが一番よい」という紹介案件が続くようになっていきます。こうした比較優位のポジションを築けるようになるためには、時間をかけて実績を作り、信頼を構築していく必要がありますが、この状態になって着実に実績を出し続けると、顧客が途切れず依頼が続くようになっていきます。

もうひとつ大切なのは、そうは言っても、自分の業務の価値を高く評価してくれる相手を常に探し続ける努力も必要だということです。そのため、同業務の適任者や候補者が多い場合などには、意識的に自分のポジショニングをずらし、クライアント対象を変えることも必要になっていきます。

❹大きなリスクを取らず「できること」を最大化する

定年後の個人事業主（フリーランス）を目指す場合、やはり大きなリスクは取らないことが大切です。老後資金が危なくなるようなギャンブルはしないということです。そのためには、いわゆる「リーンスタートアップ」の発想に基づき、最小限の予算と規模で始めるのがおすすめです。小規模な起業も含め、事業と支出の規模を間違えなければ、小さく安全に事業を始めることができます。まず事業が軌道に乗るまでは、固定費を最小限に、借金をしない、オフィスを持たない、従業員を雇わない、といった自分にあったルールに基づいて活動していくとよいと思います。

大企業出身の方だと、個人で扱える内容以上の大きな構想を描いてしまい、自分のリソースを超えたプロジェクトなどを運営しようと考えてしまいがちです。しかし、自分の最も得意な業務プロセスのみに絞ってクライアント支援を行い、それを複数社担当するといった受注方法もおすすめです。

❺「フルタイム」↕「パートタイム」を柔軟に繰り返すことを前提に

定年後も企業で雇用されることを考えると、契約形態が正社員としての再雇用なのか、それとも非正規雇用になるのかが、安定という観点で重要になります。一方、個人事業主（フリーランス）になるという発想に立つと、クライアント1社とのフルタイムの契約か、それともパートタイムの契約かという違いが意識されてきます。

一般的には、フリーランスというと、「パートタイムで複数のクライアントを持つ」仕事の仕方がイメージされます。しかし、どちらの契約になるかは、そのときのクライアントのニーズによって変わりますし、正社員のフルタイム雇用しか経験していない場合には、パートタイムで複数のクライアントと仕事を進めることに慣れるまで時間がかかるということも起こり得ます。また、クライアントが業容拡大で人を増やすとなった場合、週2日での業務対応からの切り替えで、フルタイムで働いてくれないか、と頼まれる場合などもあります（逆も当然あります）。

そのため、個人事業主（フリーランス）という選択肢を選んだとしても、パートタイムの契約だけにこだわらずに、そのときの業務量や収入に応じて、柔軟に対応していくのが現実的です。定年後10年、20年という労働寿命を考えるなら、クライアントとの契約の形式は、柔軟に何度も変わっていくサイクルを繰り返すものなのだ、という心構えをあらかじめ持っておくとよいと思います。

【リスキリング体験談②】

生活保護を乗り越えてシステムエンジニアへ

——城間ちあきさん

本コラムでは、大胆な挑戦とリスキリングに取り組み、大きく人生を変えることに成功された方のインタビューをご紹介します。

お二人目は、接客、栄養士、品質管理、商品開発、スイミングスクールのコーチなどさまざまな仕事を経験したのち、現在は沖縄県でシステムエンジニアとしてご活躍されている城間ちあきさんです。

＊　＊　＊　＊

リスキリングに本気で取り組む人のエネルギー源

後藤　城間さんは、今までにどんなお仕事をされてきましたか？

城間　まず学生時代のアルバイトでは、漫画喫茶や那覇空港のカフェでウェイトレスをしたり、コンビニでレジ打ちをしたり、古着屋さんで接客をしたりしていました。

福岡の短大で栄養士の勉強をして資格を取って、沖縄に戻って栄養士として総合病院に就職しました。入院患者さんの食事の献立を作る仕事をしたんですが、当時はデスクワークが合わなくて本当に苦労しました。上司には「厨房で働きたいです」とお願いしていましたが、認められませんでした。ちょうどそのとき、ケーキ作りに興味があったので、就職して1年くらいで、パティシエを目指した見習いとして結婚式場に転職しました。

後藤　栄養士からパティシエというと、もちろん飲食という意味で分野が近いですが、スキルという観点では、まだパティシエのスキルはなかったわけですよね。

城間　ありません。資格を取るという選択肢もありましたが、資格よりスキルのほうが大事というのはあったと思います。資格があるから、お給料が上がるというような環境ではありませんでした。

後藤　それが日本の職場の残念なところなんですよね。このときは経験のないパティシエの仕事を始めるということで、お給料は変わりましたか？

城間　減りました。まだパティシエのスキルがありませんでしたし。でも、総合病院に就職してから1年くらいで転職を決めました。

後藤　いいですね。実は合わないときにすぐ動くというのは、これからの時代、とても大事です。日本では一つのことをやり遂げるといった価値観がとても強く、仕事が続かないのはよくないことと思われがちですが、やりたくないことを我慢し続けているうちに、精神的に病んでしまったり、周囲からの評価が下がり、結果的に自分自身に対して自信をなくしてしまったりすると、取り返しがつかないことになることも。

城間さんは自分に合わないという気持ちに正直に向き合ってこられたから、合う場所を探し続けて、今、充実した仕事にたどり着かれたのだと思います。

リスキリングに取り組んでいる方には、やはり共通点があるように思います。安定している状態に慣れてしまうと、リスキリングに取り組むという発想がなくなるんですよ。楽をしたい気持ちが強くなる代わりに、自分から環境を変えようという気持ちがなくなっていって、結果的に環境変化に弱くなっていくんです。城間さんは、自分の環境を変えたいという気持ちが強いじゃないですか。これが、実はリスキリングに本気で取り組む人のエネルギー源だと思うんです。

自分に合った仕事に巡り合えず、適応障害に

後藤 パティシエの見習いとしてお仕事を始めて、スキルを身につけて一人前に？

城間 そうですね、2年後ぐらいには技術手当として、2万円つきましたね。全部自分で作れるようになって、一人で任せてもらえるようになりました。この頃は楽しかったですね。自分の作りたいものが作れるというのが。人間関係もよかったですし。

後藤 パティシエのお仕事は、どれくらいの期間続けられたんですか？

城間 3年くらいです。このときは、結婚退職したんです。妊娠していたから、子育てに専念したくて、専業主婦になりました。でも、4年で離婚することに。
離婚後は、友達がオープンしたケーキ店や、家の近くのカフェでアルバイトをしたり、チョコレート工場で栄養士として働いたりもしました。この間が、4年

くらいですね。

実は、チョコレート工場を辞めた頃に、2人目の子どもを未婚で出産していま す。出産後、以前働いていた結婚式場で、またパティシエとして働き始めまし た。3～4年ぐらい働いていたんですけど、給料が以前と同じで上がらなくて、生活が大変で……。

その後、正社員として、お菓子屋さんの工場で商品開発の仕事を始めました。でも、このときも給料が上がらなくて、1年間くらい働いたのですが、私は商品開発には向いてないと感じて……。

後藤　ご自分の気持ちに正直でいいですね。このときの商品開発は、デスクワークでしたか？

城間　デスクワークではなくて、主に工場で働いていて、実際に新しい商品を作ったりしていました。当時の私はパソコンを使えなかったので、パソコンを使うお仕事は、他の人に任せていました。

後藤　商品開発の仕事が向いてないと思った理由は何ですか？

城間　アイディアが思い浮かばなかったんです。1年くらいで退職してしまいました。

このとき、以前やっていた品質管理をもう一度やりたいと思って、お肉屋さんの品質管理の仕事を始めたんです。ところが、私が料理ができるということから、商品開発に回されて……。

結局、2年ぐらいで体調を崩してしまい、過労とストレスによる適応障害と診断されました。40歳くらいの頃でした。お医者さんから働く許可が出なくて1年半働くことができませんでした。しかもその時期に、知人にお金を貸したら、戻ってこなくて……。

仕事をしようにも、まだお医者さんから仕事はだめと言われるし、お金も全部取られてしまっていたので……。もう生活保護しかないと思っても、最初は認められなくて困りました。

その後、市役所の相談員さんがとてもよくしてくださって何とかなりました。生活保護を受けながら、アルバイトとして、スイミングスクールのコーチをやっていました。近所のスクールで子どもにスイミングを教える人を募集していたので。飲食業界から、離れたかったんです。

リスキリングを経て、システムエンジニアに

後藤 また働けるようになってよかったですね。スイミングのコーチをやりながら、生活保護受給が終わるきっかけは何だったんですか？

城間 先ほどお話しした市役所の相談員さんが、糸満市が募集していた「糸満でじたる女子プロジェクト」という就労支援事業を紹介してくださったんです。ＳＡＰというシステムを使う仕事と聞いて、「私、パソコン使えませんけど大丈夫ですか？」って言ったんですが、「サポートがあるっていうから大丈夫じゃない？」という感じだったので、「じゃあ、やりまーす」と言って手を挙げました。

後藤 ＳＡＰは、このシステムを提供する企業の名前にもなっていますが、世界的に有名なＥＲＰ（統合基幹業務システム）のことですね。パソコンを使えないところから、それを使える人材になろうというのだから、すごい勇気だと思います。素晴らしい決断です。

ここからが、リスキリングの本格的なお話になりますが、よく「芸は身を助ける」と言いますよね。例えば、栄養士の資格があって、飲食業でいろんな職種の

仕事をすることができて。そして、飲食から仕事を変えようと思ったときに、子どもの頃に泳いでいたから、スイミングスクールで教えようという大胆な変化があって。でも、SAP女子のお話は、経験やスキルという観点でいうと、つながっていませんよね。すごいチャレンジだと思うんですが、何でこれをやろうと思ったんでしょうか？

城間　パソコンを使える人ってかっこいいな、という憧れがあったんです。昔から思っていましたが、きっかけもないし、私には無理だと思っていたので。仕事でも使う機会もなかったし。栄養士のときは、一応少しは使ってはいましたが、卒業して最初の1年だったし、20年も前のことなのでもう忘れちゃっていました。今思えば、でも、相談員の方が「あなたならできるよ」って言ってくださって。今思えば、チャンスをくださったのだと思います。

パソコンは、親からお金を借り、自分で買いました。どのパソコンを買っていいかもわからなかったので、市役所の方に聞いて、ネットで買ったほうが安いと教えてもらって。注文して、届いたら、また市役所に持って行って、セットアップしてもらいました。最初は、電源がどれかもわかっていませんでした。

後藤　パソコンの使い方を覚えるのは、どうやっていたんですか？

城間　自分で調べたり、講座の受講中にわからないところを質問できる専門スタッフの方がいたので教えてもらったりしました。私一人だけ、本当に初心者だったので、最初は本当に恥ずかしかったです。

　講習は2021年の9月から受けました。コロナ禍の真っ只中で、最初の3カ月間が研修期間でしたが、学科と技術の2つの試験に合格しないと仕事を紹介してもらえないし、お給料ももらえないので、本当に必死でした。SAPのeラーニングの問題がめちゃくちゃ難しいんですよ。

　でも、何とか合格することできて、大手コンサルティング会社の仕事を紹介してもらうことができました。SAPシステムエンジニアというSAPの保守、運用の仕事です。例えば、SAPのシステムエラーの検知やシステムの稼働状況の報告などをします。フリーランスのお仕事で、週3勤務、時給が今2400円です。2200円から始めて、上がりました。

リスキリングで取り戻したのは自分自身

後藤　リスキリングした結果、過去最高の収入になったんですね。フリーランスということは、ほかに仕事の掛け持ちもしていますか？

城間　今はしていないです。スイミングも辞めて、今はこのお仕事だけをしています。週3勤務以外は、韓国ドラマを見たりしています。

後藤　いいですね。今まで大変だったわけじゃないですか。立ち止まって一旦考える時間とか、休む時間とかの余裕がないと、次に何かに挑戦するというエネルギーが出てきませんから。今は少し余裕があるくらいでいいんだと思います。

働く環境が、今までとはがらっと変わりましたよね。今はお金をちゃんともらいながら、仕事を通じて学ぶ感じでしょうか。それなら、理想的なリスキリング環境ですが、過去と現在を比べて、一番変わったことは何でしょうか？

城間　自分自身を取り戻した感じがします。結婚する前、やりたいことをやっていた頃の自分です。20代、30代は自分を見失っていたので。結婚して子どもを産んで、産後うつになってしまって、パートナーとの生活も大変で。独身時代は、心から笑えている自分がいました。

今は心の余裕ができていますね。時間に追われていないからだと思います。通勤時間もなくなって。子どもたちにしたら、帰ってきたらお母さんがいるというのが、本当に嬉しいらしくて。

後藤 私の好きな言葉で、「悲劇×時間＝コメディ」という言葉があって。悲劇は時間をかけるとコメディになるんだよ、笑い話になるんだよという話なんですが、笑うまでには時間がかかるじゃないですか。その最中は笑えないですもんね。

城間 まさに、知人にお金を貸して、全財産失った時点で、私は笑いに変えていったんですよ。すごいな、私の人生って。

後藤 間違いなく、すごいです。リスキリングをしてみて、一番嬉しかったことは何ですか？

城間 一番は、お仕事そのものですね。パソコンでお仕事をしている自分です。今。本当に。いろんなお仕事が来るたびに、いろいろ知識が増えていくのが、毎日楽しいんです。難しくて、緊張することもよくあるんですけど。

後藤 これからのお仕事を考えたときに、どんな未来を考えますか？

城間 今、45歳ですが、母子家庭の支援もしたくて。実は少しだけ準備もしていて。先ほど、「自分を見失っていた」と言ったじゃないですか。チョコレート工場での栄養士の仕事のときは、実は場所が沖縄ではなく、子どもを一緒に連れていけなかったんです。子どもを受け入れてくれるところがなくて。実家に子どもを預けて、一人で行かなくてはならなくて。すると、余計に自分を見失うじゃないですか……。そういう状況をなくしたいと思って。

沖縄は母子家庭がとても多いんです。しかも、若い子が多いので。県外は、結構人が足りないし、若い子が足りないと聞いてますし、子どもと一緒に県外に働きに行くことができる環境があればいいな、と思って。地域や企業と提携して、一時的な移住によって、自分を取り戻そうというプログラムができたらいいなと思っています。

でも、その前に、体調もよくなってきたので、週3から週5で働けるようになりたいです。そして、リーダーのような立場にも。まだ雲の上のような存在なんですけど。あと、自分の経験を伝えていくような講演活動などもやってみたいです。

後藤　現在の「糸満でじたる女子プロジェクト」の受講生など、これからリスキリングに取り組む方向けに、どんなアドバイスをされているんですか？

城間　「自分を信じて前に進み、環境を変える。そうすると人生が変わる」とお伝えしています。そのままでは人生が変わらないし、世界も視野も広がらないし、成長する機会がないので。絶対成長するんですよね、リスキリングすれば。

でもそのためには、私みたいに、実際にリスキリングする機会に巡り合える必要がありますよね。みんな、どうやって始めればいいかわからないと思うんです。

後藤　その通りですね。海外では、アプレンティスシップ制度っていうんですけど、弟子見習いの制度で、経験がない人でも、講習の期間からお金がもらえるんですよ。私はこれを日本で広めようと頑張っています。未経験の人でも給与をもらいながら、リスキリングの機会をもらえる。企業は採用する際、即戦力が欲しいと思いますよね。でも、即戦力になるまでは、相当長い期間、実務の経験がないとダメです。糸満でじたる女子プロジェクトは、学びながら実践する機会を提供してくれる、橋渡し役やってくれていたことになるんですね。今、日本のリスキリングは、この仕事の実践を積む機会がとても足りないんです。

城間　今、私は人生を楽しんで終わろうって思いながら暮らせています。でも、今の状況や環境を変えるには、やはり勇気が必要でした。

リスキリングは、自分の未来を輝かせるためにあると思っています。いろんな方たちとの出会いがあり、素敵なご縁がたくさんあり、リスキリングを経て、私の人生は180度変わりました。少しの勇気で未来が変わる。一歩踏み出せば、少しずつ視野が広がり変わっていくのだと思います。未来は誰にもわからないですが、少しの勇気で今よりキラキラした人生を送っているかもしれないじゃないですか。私の経験が皆さんの少しの勇気に、一歩踏み出す勇気につながれば、本当に幸せです。

第3章　リスキリングを開始・継続するために

1. 定年後に向けて40代から始める「5つの投資」

【1】リスキリングは自分への投資

第1章でリスキリングが必要な理由を確認し、第2章ではリスキリングへの取り組み方を見てきました。ここまで読み進めてきておわかりいただけたと思いますが、リスキリングはすぐに結果に結びつくとは限らない息の長い作業になります。そのような事実をふまえ、ここからは、リスキリングを実際に開始し、継続していただくために欠かせない準備や心構えについてご説明していきます。

40歳から私自身が経験してきて痛感しているのは、「リスキリングは自分への投資」

であるということです。自分の時間と労働力、場合によってはお金を使って、自分自身に投資をするのです。

投資なので、リターンを最大化することが目的です。リスキリングの場合は、成長市場におけるスキルを獲得する、自分のやりたい仕事に就くといったことがリターンとなります。

一方で、投資であるということは、よい結果が出るかどうかがわからないという側面もあると言えます。リスキリングに取り組んだ結果、外部環境が急速に変化して、スキルが陳腐化してしまって軌道修正を強いられたり、スキル以外の要素が原因で自分のやりたい仕事に就くことができないといったことも考えられます。

そのような事態を避けるために、意識的に選びたい投資先が「スキルと学び」「健康」「お金」「人間関係」「仕事」の5つです。なぜなら、これらはすべて、今後放っておくと特に価値が減少していきやすいものだからです。

価値の減少を食い止め、不安を解消し、再び価値を増加させていくためには、現状のまま放置せず、意識的に時間と労働力、お金を使って、自分自身に投資をしていくことが打開策になります。この5つに投資をしていくことで、将来の自分自身の選択肢を増やすことが可能となり、リスキリングを行う価値を最大化できるようになるのです。

【2】意識的に取り組みたい5つの投資

5つの投資の1つ目は、「スキルと学び」です。働きながら身につけてきたスキルも放っておくと価値が陳腐化していきます。そのため、新しいことを学び続け、実践していくことで、必要とされるスキルを維持していく必要があります。スキルと学びに投資をすることで、これからの成長分野で必要とされる人材になるチャンスを増やしていきます。

2つ目が「健康」です。放っておくと加齢とともに気力と体力が低下し、定期的に健康状態をチェックしないと重篤な病気にかかるリスクも高まっていきます。そのため、運動も含め、健康を維持するための投資が必要になります。健康に投資をすることで、労働寿命そのものを長くします。

3つ目が、「お金」です。自分ではどうしようもないことですが、長期的なトレンドが円安とインフレのままだと資産がどんどん目減りします。下り坂のエスカレーターに乗っている状態では現状維持＝衰退となります。そのため一定のリスクを取って、資産形成に取り組む必要があります。資産運用することで、長期化する労働寿命を支えます。

4つ目が、「人間関係」です。培ってきた人間関係もしっかり時間とお金を使って維持していかないと、どんどん範囲は縮小し、新しい出会いも生まれていきません。特に定年後を見据えた中では、自分よりも下の世代との関係構築に意識的に投資をしていく必要があります。人間関係に投資をしていき、将来を支え合うことができるネットワークを構築し、維持していきます。

最後の5つ目が、「仕事」です。つまり、どのような仕事に自分の時間と労働力を使うのか、ということです。早期退職、役職定年、定年による再雇用といった雇用環境の中に身を任せていると、仕事環境そのものの選択肢が狭まっていきます。また同じ仕事をして同じ労働価値を提供しても、日本での給与、外国での給与は大きく差が開いていきます。自分が就職可能な仕事の選択肢を増やすために、副業や兼業も選択肢にいれて、自分の就業可能なポジションを複数用意できるように準備していきます。

次節からは、これら5つの投資について、ひとつずつ詳しく見ていきます。

2.「スキルと学び」に投資し、IDスキルの形成を目指す

【1】リスキリングでスキルの陳腐化を防ぐ

前章までにご説明してきた通り、定年後の雇用を自らコントロールするためには、リスキリングによって成長分野のスキルを身につけ、自分の得意分野のスキルをアップデートしながら掛け合わせて、持ち合わせることが大切です。

長期的なスキル習得の方向性としては、前述した学際的スキルを意識的に取り入れ、一人ひとり固有のスキル（IDスキル）を形成していくことが、AI時代ではカギを握ります。誰もやっていない分野を自分自身で将来に向けて作っていくのです。

私がご依頼いただく講演会や勉強会では、よく「『働くこと』の見返りに得られるものは何ですか?」という質問を参加者の方にしています。多くの方がまず、賃金や給与と答えられます。これは、誰でも納得できる答えなのではないかと思います。生活のために当然賃金や給与は大切です。そして次に、「賃金ともうひとつ、見返りに得られるものは何でしょうか?」と聞くと、「やりがい」という答えがほぼ9割方返ってきます。これは日本人の素晴らしい美徳でもあり、資産だと思います。

加えて、リスキリングを前提にすると、「自分の職場で働く経験を通じて得られるスキルは何か?」という考え方がとても重要になってきます。例えば、自分が労働力を投資しているにもかかわらず、得られるスキルの価値が低い場合、それを放置していると、自分の将来の選択肢が狭まっていきます。スキルの陳腐化が進み、自分が将来つける仕事の選択肢が少なくなっていくのです。成長分野の仕事を選び、自分の労働力を投資し、その中で成長分野に必要なスキルを身につけることで、投資の価値を最大化できるのです。

そのような視点で考えると、どのような組織に自分の労働力を投資したか、という要素も非常に大きな意味を持ってきます。投資という発想を持たず、自分の労働力を

「働くこと」の見返りに得られるものは何か？

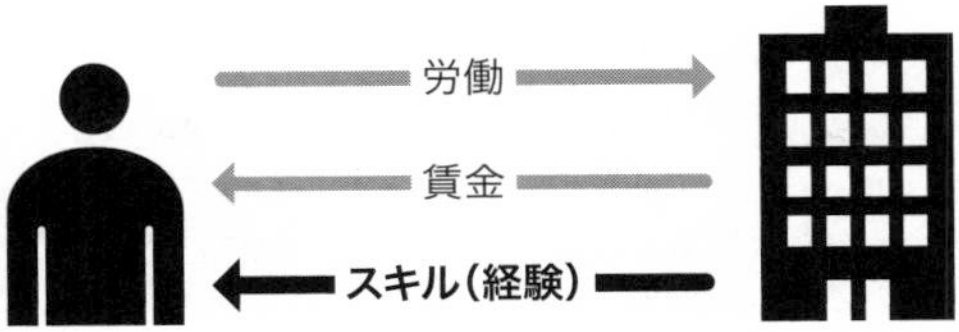

働く個人の視点で考えてみると…

会社に対して「労働力」を投資し、その見返りに「賃金」と経験を通じた「スキル」を得ている

出典：一般社団法人ジャパン・リスキリング・イニシアチブ

働く組織にただただ提供し続けている状態だと、自分のキャリアの価値を向上させ、価値あるスキルを身につけるという観点では利益が少ししか出ていない可能性もあります。スキルや学びというリターンが期待できない上、気がつかないうちに自分のスキルが陳腐化してしまう可能性が高くなるのです。

そのため、成長分野におけるリスキリングの機会を提供してくれる会社で働くことが最良の選択肢となりますが、現時点では、就業時間内に働きながらリスキリングの機会を得られる企業は日本ではまだまだ少ないのが実情です。だからこそ、自らのスキルと学びへの投資という意識に基づく自覚的な行動がより一層大きな意味を持ってくるとも言えるのです。

ただし、現実に起きている競争環境の変化に対応していくことを考えれば、現時点でリスキリングの機会を提供していない組織も早晩、リスキリングの機会を用意せざるを得なくなっていくものと考えられます。そうでなければ、その組織自体が存続できなくなる可能性が高いからです。

【2】リスキリングを始める準備としての「アンラーニング」

中高年の方がリスキリングで新たなスキルを身につけようとする際に、ぜひ取り組んでいただきたいのが、アンラーニングです。アンラーニングとは、以前習得した情報、知識、成功体験等で陳腐化しているものをリセットし、新たに受け入れる態勢を意識的に作り出すことを指します。「学習棄却」という和訳で説明されることもあります。

①新しい環境を受け入れるための準備

リスキリングを始める前の準備段階として、アンラーニングはとても重要です。新しいスキルを身につけるための素地を事前に作っておくプロセスと言い換えてもよいかもしれません。欧米でベストセラーとなったバリー・オライリー氏の著書『アンラーン戦略』（ダイヤモンド社）では、アンラーニングのプロセスとして、

- Unlearn（脱学習＝過去には役立ったが、今や成功の障害になっている考え方や、身につけた行動様式を手放し、見直すこと）
- Relearn（再学習＝新しい行動を試し、新しいデータや情報や視点を取り込む実験プロセス）
- Breakthrough（ブレークスルー＝脱学習と再学習のステップを経たことで得られる新しい情報や洞察）

というサイクルを回すことが重要だと述べています。

そして、このアンラーニングをする際に最も難しく感じられるのが、おそらく、「身につけた行動様式を手放し、見直す」の部分だろうと思われます。

例えば、人生100年時代、日本でも、これから多くの方々が人生の後半のキャリア（セカンドキャリア）において、年功序列とは関係のない働き方をしなくてはいけなくなると考えられます。その際に大きなハードルになるのが、年齢の上下に起因する立ち振る舞い、発言です。これは、無意識に染みついてしまっているために多くの中高年の方々が気づいていないことです。年齢が上であることを理由に「相手が自分に予定を合わせるのが当たり前」「年下は自分に敬語を使うのが当たり前」ということを前提に発言、行動しているのです。

長年にわたって定着してきた年功序列の仕組みについて、入社した頃にはおかしいと感じていたにもかかわらず、長い間日本の同じ組織で働いてきた結果、疑問に思わなくなり、自分が先輩方にされて嫌だと思っていたことを、現在自分が後輩や部下にするようになってしまっているということはないでしょうか。

もし人生後半のキャリア（セカンドキャリア）を楽しいものにしたい、必要とされる存在になりたい、と思うのであれば、ぜひ従来の習慣をアンラーンして、次のように心がけてみてください。

・自分の言いたいことよりまず相手の話を聞く
・要求、命令よりまず「確認」
・職場で無駄に外見の話をしない
・上から目線で説教、昔話、自慢話をしない
・自分の都合で電話せず、非同期ツールを使う

また、私はオライリー氏にアンラーニングを行うコツを伺ったことがあり、そのときに次のような答えをいただきました。

「Get comfortable being uncomfortable.（居心地の悪い状態に慣れよう）」

新しいことを始めれば、やはり最初は違和感がありますが、まずはその違和感のある状態に慣れることが重要です。今後、役職定年、定年・再雇用等、大きな雇用環境

の変化を迎えていくと同時に、転職、独立といったいろんな新しいチャンスもあります。その際に、アンラーニングをしていないがゆえに無駄な損をしたりしないよう、ぜひ一度、ご自身の発言や行動の点検の意味も含めて、アンラーニングに取り組んでいただきたいと思います。

②アンラーニングに向けた練習

ここで、アンラーニングに向けた練習としておすすめしたいアクションをご紹介しておきます。

❶肩書きを名乗らない1カ月を経験する

これはある有名企業で実施した研修で用いたアクションです。終業後や週末といった通常の仕事以外の時間には、役員、部長等の役職、肩書きを一切名乗らないで、1カ月間過ごしていただきました。周囲の人々の反応を見るのが目的です。

大雑把に言ってしまうと、おそらく、そうしたときに見せる周囲の人々の対応が、皆さんの定年後に待っている反応ではないかと思います。

私自身、大きな会社を辞め、誰も知らない名前の会社で働いたり、個人事業主になったりした経験を何度もしているのですが、勉強会の後の名刺交換などの際には、露骨に違いが出ます。まともな扱いをされないことも多くありました。フォローアップのためにメールを送った際の返信率も大きく異なります。

ぜひ肩書きを名乗らない1カ月間で感じたことなどを日記やメモに残しておいていただきたいと思います。人間は持っていないことより、持っていたものを失うほうが精神的に辛《つら》いと言いますが、肩書きを失った後の周囲の変化は、ぜひ早めに経験しておいたほうが、将来の心の準備ができると思います。

❷自ら損をしないためにも、「言葉遣い」に注意する

ここ数年間、政治家や経営者の方々の明らかな差別発言が炎上することが何度もありました。自分は大丈夫、と思っている方こそ、日経BPから出版されている『早く絶版になってほしい #駄言辞典』などをぜひ一度読んでいただきたいと思います。特に自分に悪気はないのに使っている場合が厄介です。

差別発言にならなくても、時代を感じさせる表現などにより、知らず知らずのうちに自分が損をしていることもあるかもしれません。例えば、中高年が好んで使う、「一丁目一番地」などです。最重要事項という意味だと今は知っていますが、私は最初に聞いたときに意味がわからず、郵便ハガキが頭に浮かんで、そこから思考停止してしまいました。また、「鉛筆舐め舐め」などは不衛生で気持ちの悪い表現ですし、相手を不快にします。

そういった表現を同年代だけで使っている分には問題ないかもしれませんが、いろんな世代、環境の方と仕事をする中では、そういった表現を使わない方が相手に対しても親切ではないかと思います。

私はシンプルに、自分の会社の社長やクライアントに使えない表現は、年齢に関係なく、社内でも、家庭でも使わないようにしています。ただ、同質性の高いコミュニティだと、みんなが同じ表現を使うことが予想されるので、不安な方は、同僚や家族に、自分の言葉遣いで気になるものはないか、聞いてみるとよいと思います。思ったまま話すのではなく、一度立ち止まって、相手の視点からどう見えるか、考えてみてから話すことが大切です。

❸年齢、性別に関する話は意図的にしない習慣を身につける

これは、私自身が気をつけていることですが、そもそも年齢と性別に関する話題を一切しない、ということです。すべては「個人差」として捉えるのです。始めてみると、余程のことがない限り、年齢と性別に関する話題に触れる必要がないことに気づくはずです。

基本として、「男性の意見を聞きたい」「女性の意見を聞きたい」などという表現そのものが相手に失礼になる、不要であるという考え方を知っておくことが大切です。本来であれば、「○○を行おうと思いますが、どう思いますか」と、性別に関係なく相手に「個人」として意見を聞けばよいわけです。

応用編として、人間関係が良好で、信頼関係もある程度できてきた段階で、相手に前置きをした上で、話をするというのはありではないかと思います。特に、自分がわからずに困っている状態であることなどを事前に伝えるとよいと思います。例えば、「今から年齢に関係する話をしたいんだけどいいかな」「男性しかいないチームなので、女性の意見を聞きたいんだけどいいかな」などです。

3.「健康」に投資し、労働寿命を延ばす

【1】人生前半の疲れをリセットする重要性

リスキリングは平均で12カ月から18カ月で成果が出始めるという説もあり、1カ月や2カ月の短期集中で終わる取り組みではありません。そのため、気力、記憶力、集中力、体力を良好に維持するための工夫、仕組みづくりが大切です。

自分には問題のある症状はない、という方が本当は気づいていないだけで、実は良好な状態ではない場合もあります。よくない状態を当たり前だと捉えて、「よい状態」だと思ってしまっているのです。そのため、ぜひ、リスキリングに本格的に取り組み始める前に、生活スタイルの点検、ココロとカラダのメンテナンスを行ってみて

ください。

定年後の選択肢を増やすための大前提は、言うまでもなく健康な状態を維持できることです。健康寿命を延ばし、同時に労働寿命を延ばしていく努力が必要です。健康維持に投資し、病気知らずの生活の時間を長くできると、心が安定し、新しいことに挑戦していくための気力や体力を維持することができます。

また、健康を維持できなくなることから発生する医療費や、要介護となった際の資金などの不安要素をなるべく減らしていくためにもメンテナンスは重要です。予防医療の重要性を日本で広めるために、一般社団法人予防医療普及協会を設立した堀江貴文さんの著作『金を使うならカラダに使え。』(幻冬舎)では、老化のリスクを下げるための知識、習慣、考え方が紹介され、健康診断に時間とお金を投資し、病気の発生を未然に防ぐ重要性が語られています。

ここから、私の経験談もふまえて、どのようにココロとカラダのメンテナンスを行っていくかについて触れていきたいと思います。情報提供が目的で、医学的な助言ではありませんので、ご自身の健康状態に関して不安がある方は、まず医師にご相談ください。

①走り続けた後には、メンテナンスが必要

ココロとカラダのメンテナンスを長年怠った状態で、「新しいことをする気力がない」「歳のせいで自分は記憶力が悪くなった」「集中力が続かない」と判断している可能性がないか、本格的にリスキリングを開始する前に、今一度ご自身の現在の状態を振り返っていただきたいと思います。特に中高年になってやる気と体力が低下していると感じる方は、年齢のせいにする前に、肩こりや眼精疲労などの慢性的な症状への対処も含め、自分のココロとカラダのメンテナンスにじっくり取り組んでいただきたいです。

例えば、転職経験者の中には、次の勤務先で働き始める前に、1~2カ月休暇期間を置いて、海外に行く、忙しい生活から離れてゆっくりするといった経験をしている方もいると思います。ところが、一般的に、社会人になってから同じ会社で働き続け

ている方は、休まず走り続けているわけです。言ってみれば、長年メンテナンスをせずに、10万キロメートル走り続けてきた中古車のような状態です。各所に故障があるのに、「最近加速が悪く、速く走れないなぁ」「最近エンジンがかからなくなったなぁ」と言っているようなものです。

リスキリングという長い旅を続けるために、まず、真剣に自分のココロとカラダのメンテナンスを行うことで、「ヴィンテージ（年代物）」としての価値を発揮できるようになります。

また、40代のうちに、遅くても50代前半のうちに、本格的に後半の仕事人生をどうしたいのかを見つめ直すために、一度仕事からできるだけ長い時間離れてみる経験が必要ではないかと思います。おそらくほとんどの方が「そんなの無理」と思うのではないでしょうか。しかし、気力がないと感じる方は、今までと違うことを何かしないと、その状態は変わらないのです。

ご家族がいる方の場合は、本気で頼み込み、一度ご自身のためだけに時間を使うチャンスをもらうことも必要ではないかと思います。人によって必要な時間は異なりますが、最低でも1週間、できれば2週間の休暇、場合によっては、1カ月～3カ月間の休職といった選択肢もよいかもしれません。目的は自分自身と向き合い、残りの人生、特に仕事とどう向き合うか、どのように過ごしたいか、覚悟を決めることです。

②定期的な健康診断と人間ドックのススメ

リスキリングという観点で私のおすすめは、定期的な健康診断や人間ドックに加えて、脳ドックを受診することです。脳梗塞などの脳疾患の発症リスクを診断するために、MRI検査などを受けるのですが、脳の海馬という記憶を司る器官の萎縮度合いをチェックすることもできます。海馬の萎縮が進んでいく病気としては、認知機能が低下していくアルツハイマー病が有名です。

実は、この海馬の萎縮の原因の大きな理由に、喫煙と飲酒が関係していることが明らかになっています。この話を聞くと、ドキッとする方も多いのではないかと思います。適量のアルコールでも脳には悪影響があり、海馬の萎縮リスクが3倍以上になるという研究結果もあるくらいです。

私は40代後半に、頭がぼんやりして、記憶力が著しく低下し、足し算などの簡単な計算すらできなくなったことがあり、心配になって脳ドックを受診しました。結果的に、脳の萎縮などは見つからず、本当に安心しました。ところが、後からうつ病であることが判明し、実はうつ病による記憶障害だったということがわかりました。睡眠障害や仕事のストレスで気分が落ち込むことが多く、著しく記憶力が低下したと感じる方は、ぜひ一度病院で検査を受けることをおすすめします。

脳ドックは保険適用外で、自費になるのが難点ですが、自分の脳の健康状態に自信を持って残りの人生を歩めるかどうかがわかるのであれば、投資したコストを回収できるのではないかと思います。何より大切なのは、自分の脳の健康状態について知ることで、自分の現在地を把握できることです。

【2】記憶力と集中力を高めるための習慣

リスキリングのお話をしている中、よくご相談いただくのが記憶力や集中力のお話です。「大学受験の頃は何でも覚えられたのになぁ」とおっしゃる方もたくさんいます。そこで、私が効果を実感した、記憶力と集中力を高めるための習慣についてご紹介します。

①アルコールと記憶力の関係性

例えば、社会人になってから物覚えが悪いと多くの人がおっしゃる理由の一つには、アルコールとの関係があるのではないでしょうか。実は、年齢のせいだけではないのではないか、と一度疑ってみてほしいのです。例えば、大学受験中にお酒を飲みながら勉強していた、という人はどれくらいいるでしょうか？　受験生が18歳、19歳くらいだとすると、当然いないわけです。

私の場合、２０２０年、新型コロナウイルス感染症による緊急事態宣言下でリモートワークが始まり、ある日ふと気づいたことがありました。それは「記憶力がよくなっているのでは？」ということでした。別に記憶力を高めるトレーニングをしたわけでもないので、何か生活の中で変わったことはないか、と思い返してみると、アルコールを全く飲まなくなっていたことに気づきました。緊急事態宣言が始まり、友人たちと夜の時間帯に外食をすることも全くなくなり、夜中には欧米の国際会議にオンラインで毎日参加するという生活をしていたので、いわゆる寝酒的なこともしなくなっていたのです。

そこで調べてみると、厚生労働省のホームページには、「アルコールが加齢による記憶・学習低下を促進することが動物実験では証明されています」と書かれており、自分の場合は当てはまっているなと感じました。

ある実験では、アルコールが眠りによる学習効果も阻害するという結果が出ています。新しい言語の文法を学んだ後、初日にアルコールを摂取したグループは、1週間後には「部分的な記憶喪失」とでも呼べる状態になり、覚えたことの半分を忘れていたそうです。また、初日と2日目は熟睡し、3日目の夜にアルコールを摂取したグループも、覚えたことの40％を忘れていたとのことです。

リスキリングを開始してせっかく学習したのに記憶が定着しないといった事態を避けるためにも、少なくとも集中してリスキリングに取り組む期間はお酒を控える習慣をぜひ身につけていただきたいと思います。

ちなみに、イギリスやアメリカでは、毎年新年になった1月の1カ月間アルコールを抜く、「Dry January（ドライな1月）」という禁酒期間を設ける習慣が定着しつつあります。これは「Alcohol Change UK」というイギリスの非営利団体が始めたとても有名なキャンペーンです。欧米では特に12月に盛大にクリスマスを祝い、シーズンを通して暴飲暴食をする人も多いので、1月に健康管理の観点からアルコール摂取を控えるというのはとても健康的な取り組みであると言えます。

日本では12月の忘年会に加えて、1月は新年会があるので難しいということもあり、2月に1カ月間、「Dry February」を実践している友人もいます。

②カフェインと集中力の関係性

新型コロナウイルス感染症による緊急事態宣言下で、大きく変化したことがもうひとつありました。記憶力は高まったものの、夕方になるともう頭が働かなくなり、なんだかやる気にならない、疲れやすいと感じるようになりました。私も最初は、年齢のせいかと思っていたのですが、冷静にコロナ前とコロナ後でどんな習慣が変わったのか、を考えてみたところ、コーヒーの摂取量がとても増えていることに気づきました。

そこで、ネットで検索してみると、私の疲れる症状はカフェイン過多によるものではないか、と思われました。カフェインは一時的なやる気アップのための刺激にはよいのですが、抜けたときの倦怠感《けんたい》があるのです。実はすごく疲れているのに、カフェインによって本来感じるはずの疲労を感じないまま走り続ける状態が続き、カフェインが抜けるとどっと疲れる状態に陥っていたのだと思います。

カフェインを取らない生活に切り替えたところ、劇的に集中力が持つようになり、夕方に襲ってきていた倦怠感がなくなりました。アルコールを抜くようになったこととの相乗効果で、眠りがとにかく深くなったのです。

記憶力や集中力が落ちた、とお感じになる方は、ぜひ、アルコールとカフェインが体から抜け切ったナチュラルな「脳」の初期設定に戻してみてください。その結果、自分の記憶力や集中力に変化がないか、確認してみてください。もしアルコールとカフェインとの距離を保ってよい効果が出たら、ぜひその状態を維持しながらリスキリングに取り組んでいただけるとよいと思います。

③食生活改善のきっかけづくり

カフェインとアルコールとの距離を置くことができた一方で、夜中に欧米の国際会議にオンラインで出席する生活を始めてから、空腹に耐えられず1日4食食べる日もあり、最大で108キロまで太ってしまいました。1年間で15キロ以上体重が増加したことになります。心配してくれた友人から、食生活を変えるには、ファスティング（断食）がよいという話を聞き、試しにやってみました。

完全な断食ではないものの、準備期間の2日間、ファスティング5日間、回復のための3日間の合計10日間のスケジュールで行いました。その結果、体重が9キロ落ちたこともよかったのですが、何よりよかったのが、いわゆるデトックス（解毒）をすることで、自分が口にするものに対して味覚が鋭敏になったことと、食生活を見直すよいきっかけになったことです。外食中心だった生活によって味覚が鈍麻していたのではないかと気づきました。

それ以来、仕事が忙しいという言い訳で長年避けてきた自炊を始めました。50歳にして自炊にハマり、野菜中心の生活をすると体が軽くなったような感覚があり、消化の負担が減る食生活の影響で、集中力が向上したように思います。

④睡眠ファーストのスケジュールづくり

労働寿命を延ばすためにも、睡眠はとても重要な要素です。

私は、2018年にうつ病とパニック障害を経験しましたが、初期症状は不眠症でした。当時は、仕事の過度のストレスから気を紛らわせるためにお酒を飲む量も劇的に増えていました。今は過度のアルコール摂取と睡眠障害がうつ病の入り口に直結するということを学んだのですが、当時はそれを知りませんでした。

今となっては本当に恐ろしい勘違いで、笑い話なのですが、自分では「年齢のせいで睡眠時間が短くなった」と思っていた（もしかしたら思い込むようにしていたのかもしれません）のですが、そのときに睡眠を確保できるように対処すべきでした。どんどん状態は悪化していき、結果的にうつ病とパニック障害を発症してしまったのです。

この当時の経験から、私は「良質な睡眠が取れるように、1日のスケジュールを立てる」ということを今は徹底しています。

例えば、寝る前に湯船に浸かって、体温を上昇させ、免疫力を高めることを心がけています。お風呂から出て体温が低下する際に眠気が自然と出てくるのがよいようです。また、今では会食の数自体が減りましたが、開始時間が遅い会食は避け、遅くとも22時には家に帰れるようにしています。以前は、早朝も深夜もメールの返信をし、オンライン会議にも参加していましたが、今は早朝だけに対応するようにして、夜は緊急対応以外はしないと決めています。こうして最低限でも6時間、理想的には7時間半以上の睡眠時間を確保するために、スケジュールをコントロールするようにしています。

もし、アルコールやカフェインも摂取していない、十分な睡眠時間を確保しているのに、疲れが取れない、朝は頭がぼーっとしてやる気が出ない、昼間に急激に眠くなる、という方は、一度「睡眠時無呼吸症候群」の可能性を疑ってみてもよいかもしれません。パートナーやご家族に、いびきがうるさいと言われる方、昼間に猛烈に眠くなる方は要注意です。

睡眠時無呼吸症候群をそのまま放っておくと、血液中の酸素濃度が低下し、慢性的な睡眠不足の状態が起きるので、昼間に眠くなるのです。この病状を放っておくと、うつ病の発症リスクが高くなったり、その他の重大な疾患につながるという研究結果もあるようなので、少しでも可能性がある場合はぜひ検査を受けてみてください。

⑤中高年だからこその運動の重要性

学生時代には運動をしていたのに、社会人になってから運動をしなくなってしまったという方も多いのではないかと思います。私もまさにそのタイプで、社会人になってからパタッと運動をやめてしまい、体重も10キロ増加し、40代前半では絵に描いたように階段で息切れするようになってしまいました。

私の場合は、42歳のときに、勤務していた米国企業が倒産の危機に陥り、日本事業は撤退となり、自分を含めて従業員全員が解雇となる出来事が運動を始めるきっかけとなりました。当時は、米国本社の時間に合わせて、毎日夜中の2時、3時まで働く生活をしていて身も心もボロボロになっていた上に、人生2回目の解雇となり、無気力のまま退職金で過ごす毎日をしばらく送っていました。自分では、何とか復活しなくてはいけないと思うものの、でもそのきっかけがつかめない。そんな毎日でした。

何か極端なことに挑戦して現状を断ち切りたい、そんな思いがふつふつと湧いてきているタイミングで友人から「トライアスロンをやらないか？」と誘われて、酔っ払った勢いでやる決断をしてしまいました。

全く運動をしていない状態でトライアスロンをやるという決断をしてしまい、最初は後悔の連続でしたが、約6カ月間のトレーニングを経て、コーチやチームにもとても恵まれて、51・5キロメートル完走することができました。

トライアスロンに挑戦して、体力アップはもちろんのこと、たくさんのよい変化を経験することができました。完走できたことによって、「自分はまだ頑張れる」という思いが湧き上がってきて、復活するための自信のようなものが蘇《よみがえ》ってきたのです。

もうひとつは、仕事に対する集中力です。トライアスロンに挑戦すると決めて定期的に運動をするようになって以来、仕事に対する集中力が上がったのです。実際に有酸素運動や筋トレを行うことで、脳の働きが活性化され、集中力や記憶力が向上するそうです。

体力的な負荷をかけるチャレンジを乗り越えることで、自分はまだまだ頑張れるという自信を手にいれる、それも中高年の方にはとても効果的なのではないかと思います。トライアスロンはさすがに極端かもしれませんが、体力向上に役立つ運動を日常生活に取り入れることで、必ずやリスキリングにもプラスに作用すると思います。

4. 「お金」に投資し、リスク許容度を上げる

【1】リスクを取りながら利益を出していく投資発想

当然、健康寿命が長くなるほど、必要となるお金も増加していきますので、老後の生活費、医療費、介護費、娯楽費等を賄うための資産運用の重要性もより一層高まっていきます。

今後も、円安、インフレの傾向が続いていくとすると、さらに円預金の価値が目減りするため、投資による資産防衛をする必要が出てきます。日本政府もiDeCo（個人型確定拠出年金）やNISA（少額投資非課税制度）といった制度を整備し、個人の資産運用を推奨していますが、こうした時代変化に対する意識変革が求められてい

るとも言えます。

本書は資産運用を解説することを目的にしたものではありませんが、資産運用を行うことで身につけられる「投資マインド」はリスキリングの価値を最大化する考え方としても参考になります。

例えば、投資では、結果がどうなるかわからない中で挑戦していくマインドセットを持っていなくてはいけません。従来型の安全な資産運用とされる「預金」という発想から離れて、リスクを取りながら利益を出していく「投資」という発想にマインドセットを変えていく必要があるということです。

リスキリングを進めるにあたっても、投資して、失敗してもそこから学び、回復して利益を出すというサイクルに慣れていく必要があります。自分のキャリアにおけるチャンスを積極的につかみにいくために、リスク許容度を上げていくことが求められているのです。

【2】リスク軽減のためのキャリアの分散投資

投資の世界には、「Don't put all your eggs in one basket.(卵を一つの籠に盛るな)」という格言があります。もしその籠を落としたりすると、卵が全部割れてしまうため、複数の籠に盛ることで、卵が割れるリスクを分散するのです。いわゆる「分散投資」のすすめです。

実は、これからの時代、働く私たちのキャリアに関しても、この考え方が当てはまるのではないかと考えています。第2章で「学際的スキル」についてご説明しましたが、あの考え方こそ、キャリアにおける分散投資だと思うのです。

もちろん、今勤めている会社が倒産してしまうといった事態に備えるという側面もあります。しかし、今後価値の上がらない仕事だけをやり続けていることで、自分の価値が目減りしていくという問題への対処のほうがより重要です。定年後の選択肢を増やすためにも、自分のキャリアに対して分散投資をしていくという考え方の重要性が増してきていると思います。

5.「人間関係」に投資し、チャンスを増やす

【1】人間関係にも分散投資

人間関係でも、資産運用に用いる投資の考え方が役立ちます。前節でご紹介した通り、資産運用には、リスク分散のために、投資先を複数に分ける「分散投資」という考え方があります。

実は人間関係も、限られた濃い人間関係だけに時間とお金を投じるのではなく、いろんな国々、いろんな業種、いろんな年齢層の方たちとの関係を幅広く維持していくことで、視野を広げ、新しいことを学ぶ機会が増えていきます。

現代のような不確実性の高い時代に、同じ業種の狭い人間関係だけに頼っていると、

その業界に大不況が訪れたり、技術的失業の波に襲われる事態になった際に、自分の将来の仕事の選択肢を狭める結果をもたらしかねません。

短期的な目先の利益をもたらす仕事関係だけに集中するのではなく、あらかじめ人間関係にも分散投資をしておくことが大切です。

【2】インフォーマル・ネットワークを築く

私が40歳からリスキリングを開始して新しい仕事に就くために行っていたことで、一つ後悔していることがあります。それは転職活動の方法です。職務経歴書を人材会社に登録し、書類選考を経て一次面接に呼ばれるのを待つという、一般的な「受け身」な活動しかしていませんでした。

10年以上前の当時は、自分が働いている会社でリスキリングの機会を提供してくれたり、リスキリングを通じてデジタル分野へのキャリアチェンジに挑戦していることを評価してくれたりする会社はほとんどなく、見事に100社以上、書類選考と面接に落ち続けるという結果になりました。

リスキリングを開始していきなり即戦力になれる人ばかりではありません。そのため、場合によっては身につけたばかりの新しいスキルを実践するチャンスを提供してくれる企業との出会いが必要になります。前職での実績、やる気を含むポテンシャルを評価してもらい、カルチャーにマッチすることなどをクリアした上で、総合的に評価してもらう必要があるわけです。

のちに、実は中高年の転職には「インフォーマル・ネットワーク」を築いておくことが重要だということを、人事コンサルタントの曽和《そわ》利光さんに教えていただきました。インフォーマル・ネットワークというのは、現在所属している組織の人間関係をフォーマル（公式）なネットワークだとすると、それ以外の非公式なネットワークを指しています。例えば、次のようなものです。

- **退職した従業員たちが集まるアルムナイ（元従業員）ネットワーク**
- **新卒1年目のときの入社同期**

・同じ大学の同窓会ネットワーク
・外部で参加可能な勉強会

特に大切なのは、自分がリスキリング後に就きたい職種や業種で働いている先輩後輩を見つけ、加えて新しい成長分野についてお互いに学び合うことを前提としているオンライングループやオフ会などで良好な関係を維持することです。そのようなつながりがあると、リスキリング後にチャンスを得られる可能性が高まります。

現在は空前の人材不足が続いているため、リスキリングしたばかりのスキルでも、やる気があれば採用したいといったケースもあるかもしれません。しかし、中高年の方々の募集ポジションということで考えると、転職エージェントを頼る転職活動だけでは自分の価値を売り込むには不十分といえます。

リスキリング後に自分のやりたい仕事に就くことを支援してくれるネットワーク、人間関係をあらかじめ少しずつ築いておくことが重要なのです。

【3】現役世代との「対等な」人脈形成に今から投資する

高度経済成長を前提とした社会では、厳しい上下関係に基づいた仕事の進め方や人間関係が機能していたのではないと思います。上司や先輩の厳しい叱責に耐え、我慢していれば、多くの場合は会社の中で一定の昇給昇格が約束されていたわけです。ところが、人口減少化の低成長社会、また未曾有の超高齢社会を迎えたこれからの日本では、こうした価値観は足枷《あしかせ》となり、多くの中高年の方々に厳しい雇用環境をもたらすのではないかと考えています。

私自身、厳しい日本の上下関係や納得できない命令などに対応できなかった過去の経緯があるので、現在の若い世代が古い社会との軋轢《あつれき》ですぐ会社を辞めてしまう、業務時間外に強制される飲み会などに出席しないという気持ちがよくわかります。そのため、自然と自分の友人たちは自分より年下の世代になっていきました。

自分では知り得ない新しい世界について教えてくれたり、ときに自分のためを思って「後藤さん、それは違います」とアンラーニングすべきという愛あるアドバイスをくれる年下の友人たちとの関係はかけがえのないものです。一方で、彼らがつまずいて困っている内容が、私自身が先に経験していることだった場合には、自分の知恵がアドバイスとして役立つこともあります。

結果的に、こうした年下の友人たちから仕事の相談や依頼が来るようになっていきました。特に私が今ＡＩの世界で仕事ができるようになったのは、先にＡＩの世界で活躍していた後輩から、海外進出案件の相談があったことに起因しています。47歳から未経験だったＡＩの世界に飛び込んだことは相当ハードなリスキリング体験となりましたが、こうした経験をするのが早ければ早いほどよいのではと感じます。

ただ、こうした価値観は頭では理解できるけれど、「じゃあどうしたらいいの？」と思われる方も多いのではないかと思います。私が実践している「年下からチャンスをもらうスキル」を４つご紹介します。

①部下になりたいと思える尊敬できる相手を選ぶ

私はいつも、「すごいなぁ」「頑張ってるなぁ」と素直に思える年下世代に声をかけます。一緒に働いたときに、自分が部下として働けるな、と尊敬の念を維持できると思えることが一つの基準です。例えば一緒に仕事をすることになって、何か意見が合わなくなったりした際に、自分が相手のために一歩引く気持ちになれるという感じでしょうか。

②お互いに有益な価値や情報を交換できる相手を選ぶ

もう肌感覚で今の流行や年下世代の価値観のようなものが理解できなくなってきている我々中高年世代にとって、年下世代の話は新しいことを学ぶ宝庫です。自分の知らないことを教えてくれる機会をとにかく大切にすることです。

また、私自身が人一倍リスキリングに取り組んできた40代があるので、キャリアの方向性に悩んでいる後輩たちには、海外の国際会議に参加して得てきた新しい価値観や情報などを伝え、これからの世の中がどのように変化していくかといった私見を共有するようにしています。こうして学び合える関係性をお互いに維持したいと思えることが大切なのではないかと思います。

③とにかく感謝「し続ける」

これは尊敬する後輩の真似をしていることなのですが、とにかく会うたびに感謝の気持ちを伝えることです。彼は私だけでなく、誰に対しても常に感謝の気持ちを伝え続けていて、いろんな人にチャンスをもらえる人で、私が心から尊敬している人です。私もそれを見習い、いつも自分の大切な後輩たちに、「あのときに○○さんがチャンスをくれたから今の私があるんだよ。本当にありがとう」といった感じで接しています。少し気恥ずかしいと思う方もいらっしゃると思いますが、対等な人間関係を築く上で、とても大切なことだと感じます。

④定期的に行う「恩返しプロジェクト」

前述の感謝し続ける気持ちを表現するため、またお互いの近況を報告し合うために、後輩たちと定期的に美味しいものを一緒に食べにいくということをやっています。これは勝手に「恩返しプロジェクト」と名付けていて、自分の人生の中で大変だったときに助けてくれた後輩、友人たちとの関係を継続するために行っているものです。人間関係は放っておくと、疎遠になってしまいますので、自分から自分の大切な人を誘って勝手に恩返しを続けています。

これは本当に大切な習慣だと思ったことがありました。定期的に連絡を取り合っていると、お互いの異変に気づくのです。例えば、SNSに投稿している何気ないメッセージから実は今、大きな悩みを抱えてしまっているのではないか、と気づくといったイメージです。

こうして自分がお世話になった後輩世代に徹底的に感謝する機会を継続していくと、関係性に変化が現れてきます。こうして美味しいものを一緒に食べながら、お互いに必要となる人を紹介し合ったり、キャリアの相談をしたり、トラブルを一緒に解決したり、はたまた家庭や恋愛の相談をするといった形で信頼関係が深まっていきます。

単純化してお伝えしてしまうと、今まで自分が上司や先輩、大切なパートナーに対して行ってきたような、相手に「貢献したい」という気持ちを実行するだけ、とも言えます。こうした関係性の変化を経ていくと、人間関係が上下から対等、共生的なものとなり、性別や人種、年齢の違いを超えて、新たな人間関係を築けるようになります。結果的に、自分の仕事にもよい変化が現れてくるのではないかと思います。

【4】やる気をなくさせる人間関係と距離を置く

人間関係への投資の一環として、あえて挑戦していただきたいのが、自分の「やる気をなくさせる」人間関係と距離を置くこと、です。複雑な現代社会において、とても難しいことだと思いますが、多くの人の悩みは人間関係に起因するものだと言われていますので、自分のやる気を維持するためにも、ぜひ仕組みによって状況改善を試みていただけたらと思います。

①SNSで「お互いに」表示させないようにする

すでに周知のこととなっていますが、SNSと気分の上がり下がりは大きく関係があります。SNSとの距離の取り方は人それぞれですが、気になってしまう方は、SNSで表示される内容によってやる気がなくなったり、やる気が出たりすることもあるかと思います。私はうつ病とパニック障害を経験してから、自分にとって有害な出来事が過去にあった人や、他人批判をし続けている人などの投稿を自分のSNSの表示から消すようになりました。

また、自分の投稿の表示が相手に自動的に表示されないように、自分の投稿の表示も制限するようになりました。それは、相手から自分に連絡が来ないようにするためです（相手に自分のことを思い出されないようにする予防措置のようなものです）。

自分の表示から相手が消え、相手の表示から自分が消える。それによって、お互いを認知する機会を減らしていくのです。SNSの登場によって、便利になった一方、自分の管理できる範囲を超える人間関係を維持するようになったのも事実です。自分の管理能力を超えた人間関係をＳＮＳで維持していると感じたら、思い切って、非表示機能を使いましょう。

例えば、以前は、オフィスを出れば、会社で付き合いが難しい上司、同僚などを視界から消すことが可能でしたが、今はオフィスを出てもＳＮＳに上司や同僚が表示されたり、メッセージが届いたりすることが一般的です。そのため、勇気を持ってどこかで、「自分が無理！」という線引きをする必要があります。表示しない、表示させないことで、接触機会を減らし、やる気がなくなる、悩み始めるきっかけをなくすのです。

②気が進まない誘いは勇気を持って丁寧に断る

社会生活の中では、気が進まない会食や誘いがあるかと思います。誘いを断ることが苦手で、我慢して参加し、結果的に嫌な思いをしたり、不愉快な気持ちになったりして帰ってくる。しかも、そうなるとわかっていて、結果、予想通りになって家に帰ってきて悶々《もんもん》とする。そんな方も多いのではないでしょうか。

日本の文化、日本人の気質もあるかと思います。海外の方と仕事をしていると、日本人には、断ることが失礼と思い込んで、断ることを苦手としている方が比較的多いように感じます。自分の生活を大切にするため、自分の人生を左右するリスキリングに取り組むと決めた際には、しっかりと優先順位をつけて、気が進まない誘いは勇気を持って、丁寧に断りましょう。

日本特有の事情として、仕事とプライベートの境界線が曖昧ということもあるのではないか、と思います。例えば、Facebook発祥の地である米国では、Facebookはプライベートの友人同士、仕事関係のつながりはLinkedInを利用する、とはっきり分けて使うことが一般的です。日本の私の友人たちで、上司からのFacebook申請を断れず、上司から監視されている気分になってしまい、投稿ができなくなってしまったという方がたくさんいました。また一方で、友人の近況を見るためにFacebookを開いたら、上司が日頃の仕事の不満を書いていて気持ちが萎えた、という話もありました。

③仕事の進め方を仕組みで変えていく

私自身、この①と②を勇気を持って実行できるようになったのは、実は49歳からで、つい最近のことです。いろいろなことを我慢し続けて、今までの価値観ではやっていけなくなり、体調を崩すところまで行ってしまったために、勇気を持って決断しました。気づいたことは、やる気がなくなる人間関係を維持しているのは、いろんな理由はあれど、自分だということです。

「大切な取引先だから」「上司の誘いだから」「お付き合いがあるから」など、さまざまな理由があるかと思いますが、その環境を選んでいる、その環境にい続けているのは、どんな理由があれ自分の決断です。そのため、「自分のやる気を維持する」「メンタルを健全に維持する」上で障害となる人間関係は整理していかないと、いつか取り返しのつかないダメージを受けかねません。

勇気を持って、例えば、「私の仕事のやり方はこうです」「私のSNSでのつながりはプライベートのみです」と伝えていくことで、周囲の期待値を調整をしていきます。

それで失ってしまう人間関係であれば、それまでの関係です。相手の価値観や仕事の進め方を尊重できない人たちとずっと仕事をしていて、我慢し続けて失うものの重要性に気づく必要があると思います。

自分が憂鬱になる、やる気がなくなるきっかけを自分で理解し、「やる気がなくなる」タイミングを未然に防ぐ仕組みを作ることで、自分のよい状態をキープできるようにしていきましょう。

④週末への影響を最小限にする

上記①〜③はなかなか実行が難しい側面もあります。しかし、多くの方にとって週末は自分がコントロールできる時間です。そのため、週末のやる気を維持し、パフォーマンスを最大限発揮させるために、私がやっていることをご紹介します。それは、「月曜の午前中と金曜の午後に気の進まないミーティングをいれない」というルールです。これを守るようになってから、だいぶ週末の時間の過ごし方が変わりました。

特に大切なのが、金曜の夕方に、明らかに憂鬱になる相手との打ち合わせを絶対にしないことです。相手からの影響を全く受けないという方、仮にそういうことがあっても大丈夫という方は除きますが、金曜の午後の時間の過ごし方は重要です。自分で予定をコントロールできない場合にも、いろんな理由をつけることで2回に1回でも避けられれば、1カ月のうちの半分の週末はハッピーな気持ちで過ごせる、というふうに考えて対策するとよいかもしれません。

逆に、金曜の午後、夕方に、「この人と話すと元気になる」「この方と話すと刺激を受ける」といった人とのアポイントをいれると、とてもよい週末の時間を迎えることができます。

6.「仕事」に投資し、将来の選択肢と可能性を広げる

【1】仕事の進め方のアップデートを行う

前述の「スキルと学び」「健康」「お金」「人間関係」への投資が生きてくると、結果的に自身の「エンプロイアビリティ」を高めることが可能となり、これからご説明する「仕事」への投資が有効なものに変化していきます。つまり、自分の労働力と時間を自分がしたい仕事により多く使えるようになる、ということです。

①仕事とスキルの好循環を意識する

「スキルと学び」への投資でお伝えしたように、働く私たちは実は労働力を自分の組織に投資し、そのリターンとして賃金とスキルを得ています。さらに、リスキリングという投資のリターンを最大限引き出そうと考えるのなら、仕事とスキルの関係性を理解しておくことがとても大切になります。

第2章で「一度で目標の仕事にたどり着こうと考える必要はない」ということをお伝えしましたが、スキルを得ることで仕事を得て、仕事を得ることでスキルを得る、この好循環を意識することで、目標の仕事にたどり着きやすくなるということです。

②副業・兼業に挑戦する

現在の職場で、新たな仕事に挑戦できる機会が得られるなら理想的ですが、そうでない場合は、将来のリスクヘッジという観点では、副業・兼業に挑戦し、全く違う種類の仕事を経験しておいたほうがよいと言えます。そうすることで、将来自分が就業可能な領域に対しての選択肢を増やすことができます。また、副業・兼業そのものが、リスキリングの絶好の機会にもなりえます。

この副業・兼業の経験をしておくと、「自分が社外でどのような価値を持っているのか」ということを客観的に把握することができますし、前述した定年後にフリーランスの世界で活躍する際に、「自分の仕事の価値はいくらなのか？」という物差しを持つよいきっかけともなります。

また、この副業・兼業の機会を社会課題解決のためのソーシャルセクターとの関係構築に使えると、より豊かな定年後を迎えることができるのではないかと思います。貧困、差別、紛争、地球温暖化等、未解決の課題が世界中で山積していますが、これから人間の仕事の多くの時間は、現在そして将来向き合う課題を解決するために割かれるように変化していく可能性が高いからです。

一般的な民間企業での経験の範囲では、社会課題解決の現場の仕事の経験をする機会は少ないと思いますが、ＮＰＯなどのソーシャルセクターでは常に優秀な人材を求めています。前述した学際的スキルを身につけていく上で、このソーシャルセクターにおける社会課題解決の実務経験は定年後の選択肢を増やすきっかけにもなると思われます。

③ＡＩやロボットに代わりに働いてもらう

少し気が早いかもしれませんが、ＡＩとロボットの急速な進化を目の当たりにし、自分自身でＡＩやロボットに投資をして、自分の代わりに働かせるといった時代が来るのではと考えるようになりました。イメージは、ソフトバンクの「ペッパーくん」のようなロボットが家事をこなし、生成ＡＩが自分の仕事を代わりにやってくれる、というのがわかりやすいかと思います。

最近打ち合わせをしたＡＩスタートアップでは、自分自身のクローンＡＩを作成することで、自分の代わりに質問に答え、説明をしてくれるレベルまで到達していました。そして、そのクローンＡＩの労働時間に対して給与を払う、ということをやっています。

これからは、新たな働き方の可能性が２つの方向性で開けていくと思われます。ひとつは、自分の労働時間を削減するためにＡＩやロボットを活用し、空いた時間を別の目的に使うというもの。例えば、浮いた時間で新たなビジネスを作るための種を見つけることに集中する、といったことができます。そしてもうひとつは、自分の現在の仕事に加えてＡＩに自分の仕事をやらせることで、さらに自分の収入を増やす、ということです。

これからは従業員的発想ではなく、投資家や経営者の発想に基づいて、ＡＩやロボットに自ら投資をして、生産性の向上と新たな事業収益を作り出すということが一般的になるかもしれないと思います。そのためには、大きな発想の転換が必要になります。

家事や子育ての方法も大きく変わっていくかもしれません。タスクベースの自動化（食器洗い、掃除、炊事、洗濯など）によって、ＡＩやロボットが家事代行をしてくれる時代が来れば、さらに人間は時間の使い方の選択肢を増やすことができるのです。

残念ながら、現在の職場でＡＩやロボットを使う機会がないという方もいらっしゃると思いますが、ぜひ自分でお金を払ってでも、ＡＩに仕事をさせる時代に備えて準備していただきたいと思います。

【2】集中を妨げるものから自分を遠ざける仕組みづくり

限られた自分の時間を有効に活用し、未経験の仕事への投資を増やしていこうとすると、ここぞというときに集中しなくてはいけないタイミングが必ずや訪れます。そんなときに集中しやすくするためにおすすめの方法をご紹介します。集中できる時間を増やすことは、リスキリングを成功させるために、非常に重要な要素ですので、ぜひ参考にしてください。

①周囲への「期待値調整」

自分が一旦集中モードに入ると決めたら、周囲には「○時から○時は連絡がつかない」と説明をします。これは意外と簡単なのに、日本人にはとても難しいことのように思います。日本人は「人に迷惑をかけない」ことが生活における価値観の中で大きなウエイトを占めているので、これを実行するのが難しいのです。確かに、緊急の連絡が入るかもしれませんし、重要なメッセージが届くかもしれません。しかし、自分の人生を変えるためにリスキリングに取り組むなら、「他人のために気を遣うこと」よりも「自分の時間を自分のために使うこと」を優先しないと、いつまでたっても、他人のアクションの影響を受け続ける生活から抜け出せません。

自分の思い通りの時間を過ごすためには、「いつでも連絡できる」と思っている周囲の方々の期待値を変えなくてはいけません。自分の集中モードを守るためには、周囲の方々が連絡をしないように、連絡して返事がしばらくなくてもしょうがないと思えるように、「期待値調整」を徹底する必要があります。これができると、次の②が可能になります。

②スマホの通知機能をオフ、自分の視界から消す

特に重要なのがスマートフォンとの距離の取り方です。緊急の電話が鳴るかもしれない、重要なメッセージが届くかもしれない、と通知機能をオンにし続けている方が

ほとんどではないかと思います。前述の①で期待値調整をした上で、通知機能を勇気を持ってオフにしましょう。集中してリスキリングに取り組む時間を確保するためには、集中を妨げるスマホの通知機能とは距離を取らなくてはいけません。アプリの音が鳴る通知機能はすべてオフにしましょう。

そして、それができたら、スマホと物理的な距離を置きましょう。通知も切って、スマホがただの四角い端末になっても、視界に入ると気になって画面を開きたくなります。スマホがあることが意識から消えるように、視界から消しましょう。机の上に置かない、バッグの奥底にしまう、別の部屋に置く、何でもよいので、視界から消します。

勇気を持って通知機能をオフにすると、「なーんだ、意外と大丈夫だ」ということがわかります。それができるようになってきたら、普段から通知機能をオフにする生活にチャレンジすると、集中力を維持するための時間が増えてきます。

毎日可能ではないのですが、集中が必要なときにはスマホのすべての通知を切り、移動時間などにアプリを開いて返信をする、といったカタチに私は切り替えています。

③集中を妨げるその他のものを自分から遠ざける

人によって何が自分の集中を妨げるのか、が異なると思います。周囲の音が気になる人、気にならない人、視界の情報が気になる人、全く気にならない人、それぞれです。自分の「集中を妨げるもの」が何かを今一度確認し、それを自分から遠ざけるように意識してみてください。

例えば、Ａｍａｚｏｎで注文した物が届くとします。自分が集中モードに入っているときに、「ピンポーン」とインターホンが鳴って、注文した品を取りに行った後、集中モードにすぐ入れる人、気分が変わってしまう人、アイディアを忘れてしまう人など、人それぞれです。集中力が途切れやすい人は、例えばＡｍａｚｏｎの配送方法を置き配に変えてインターホンが鳴らないようにする、集中モードの時間帯に届かないようにする、といった事前の工夫が必要です。

7.「リスキリングは何から始めたらよいか？」

【1】とにかく人に会って話を聞きまくる

リスキリングに関してよく頂戴するご質問の中に、「何か始めたらよいでしょうか？」というものがあります。確かにリスキリングの重要性や意義は理解できたものの、行動に移すにはどうしたらよいかわからないといった状態にあるのだと思います。

そこで、本章の最後に、このご質問に対する答えを書いて締めくくりたいと思います。

これから、定年という人生の大きなライフイベントを視野にいれてリスキリングに取り組んでいくのであれば、ぜひ「これから残りの人生をどう生きたいのか」というご自身の気持ちに正直に、そして、できれば、自分が楽しいと思える方向に、キャリアをデザインしていっていただきたいと思います。

実は、定年4・0の時代に向けてリスキリングを始めるにあたり、「何から始めたらよいか？」に対する答えは、この書籍を読んでくださっている読者の皆さんご自身の中からしか生まれ得ないものです。徹底的に事前リサーチを書籍やウェブで行い、自分なりの疑問や仮説を持つことができたら、とにかく人に会って話を聞きまくるという習慣を作りましょう。

これからご紹介するのは、私が就職や退職、転職といったキャリアを変えるときにいつも行っているおすすめのアクションです。ぜひ参考にしていただき、リスキリングに向けた最初の一歩を踏み出してください！

①定年目前、定年後の方10人の話を聞く

第1章でも触れた、リクルートワークス研究所の研究員である坂本貴志さんが書か

れたベストセラー『ほんとうの定年後 「小さな仕事」が日本社会を救う』を読むと、リアルな定年後の生活を把握することができます。現在の60〜70代の方々がどのような仕事をされているのかも出てきますので、現在所属している組織で働いていくとどのような生活になるのか、イメージする際の参考になると思われます。

また、定年後のお金、働き方にまつわる書籍もたくさん出版されているので、自分が関心の高いテーマに沿って、まず書籍からインプットすることをおすすめします。

続いて、家族、親戚、上司、どんな関係性でもよいので、実際にリアルなお話を聞くことをおすすめします。最低でも10人、直接お話を聞いてみてください。できれば、自分が理想とするキャリアを歩んでいる方と、反面教師的に自分はこういう働きをしたくない、という方のお話を両方伺うことができると、より自分の将来像が現実的に考えられるのではないかと思います。

自分の手が届く範囲で話が聞ける方々というのは、一説によると、「自分の将来の姿である可能性が高い」そうです。

何でも話してくれるかどうかは関係性にもよると思いますが、定年後の生活の満足度、時間の使い方、収入、これからやりたいことなど、気になることを聞いてみてください。それが理想的であるにせよ、そうでないにせよ、リアルなお話を通して、現実を把握することができます。

②個人事業主（フリーランス）の方10人の話を聞く

２つ目は少しハードルが上がるかもしれませんが、年齢にかかわらず、個人事業主（フリーランス）として活躍している方々の話を10人以上聞いてみてください。自分がリスキリングをしていきたい方向性の分野で活躍している方々のお話が伺えると、理想的です。しかし、直接知っている方の中にはいない可能性もあるので、人を介して知らない方のお話を聞くことにもぜひチャレンジしていただきたいと思います。提供するサービスの内容、業界、職種によって、個人事業主（フリーランス）の働き方、契約形態、収入レベルの実態は本当に大きく異なります。そのため、将来の選択肢を増やすために、できるだけさまざまな分野で活躍されている方々のお話を伺い、自分の現在の専門性からどのような生活スタイルや働き方になるのかを思い描けるとよいかと思います。

具体的に定年後に個人事業主（フリーランス）になってみようという気持ちを持った方は、ぜひ支援の仕組みも活用していただきたいと思います。例えば、一般社団法人プロフェッショナル&パラレルキャリア・フリーランス協会（通称：フリーランス協会）ではさまざまなサービスや優待などの紹介があります。

【2】師匠・理解者・仲間を見つける

そして、たくさんの人のお話を聞きながら、心がけていただきたいのが、師匠・理解者・仲間を見つけるということです。

①師匠

ここでお伝えしたいのは、定年後のリスキリングを進めていくためのメンターとなる「師匠」を見つけていただきたい、ということです。

私にも、リスキリングの定着に向けたプロジェクトをご一緒させていただいている、齋藤和紀《かずのり》さんという師匠がいます。リスキリングに本格的に取り組み始めた頃に、シンギュラリティ・ユニバーシティという教育機関がサンフランシスコで開催していた国際会議でお目にかかり、それ以来、さまざまなアドバイスをいただいています。

師匠となるのは、自分が将来就きたい分野の仕事をされている方、リスキリングを実践されて新しい仕事に就いた方など、いろいろ考えられます。自らのリスキリング経験に基づくアドバイスを継続的にいただけるような方との出会いがあると、心が折れそうになったときにリスキリングを継続するための支えになります。

②理解者

理解者とは、リスキリングに取り組んでいる価値を理解して、サポートをしてくれるような存在を指しています。例えば、現在の日本の転職活動においては、身につけたスキルが初心者レベルだと、なかなか評価をしてもらえない場合があります。「転職=即戦力」という側面があるからです。ところが、まだ数は少ないものの、リスキリングに取り組んでいることを評価してくれる方も確実に存在しています。

採用の意思決定権限がある経営者や人事部の方の中にいることもあれば、人材紹介会社のコンサル担当者や、前述のインフォーマル・ネットワーク内で出会う方々が理解者になってくれる場合もあるでしょう。そういった出会いが、新たなキャリアの扉を開ける手助けをしてくれるのです。

③仲間

そして最後に、一緒にリスキリングに取り組む仲間を見つけることができると、大きな心の支えになります。現在、日本全国さまざまな地域でリスキリングについての講演や勉強会をさせていただいていますが、その際に必ずと言っていいほど、真剣にリスキリングに取り組んでいる個人の方にお目にかかる機会があります。ご自身でリスキリングに取り組み、自社内で実施しようとリスキリングを制度化したり、予算化したりする努力をされているのです。

ただ、なかなか経営者や人事部の方に関心を持ってもらえず、やむなく就業時間外に自分一人で取り組んでいる状態だというお話もよく耳にします。日本においては「個人が取り組む自主的な学び直し＝リスキリング」と勘違いをされてしまった経緯もあり、個人の自主性とやる気任せの状態になってしまっていることが一因ではないかと考えています。孤軍奮闘して挫折してしまわないように、一緒にリスキリングに取り組む仲間を見つけていただきたいと思います。

自分の所属している部署だけに留まらず、全社という単位で捉え直してみると、会社の将来に対する問題意識を持っている方の中には、リスキリングに関心のある方がきっといるのではないかと思います。また、外部のオンライン勉強会などでも、同じような共通の課題を抱えてリスキリングに取り組んでいる仲間を見つけることができる可能性があります。リスキリングは自身が成長し続けるために永遠に終わらない旅ですので、ぜひ一緒に歩む仲間を見つけてください。

おわりに

おかげさまで、リスキリングを日本で定着させるための活動を開始して、今年で6年目となりました。その間に、政策としても国や自治体から注目されるようになり、多くの企業でリスキリングは企業変革の必須の取り組みであると認識されるようになりました。

一方で、リスキリングに関する講演や研修の際に、お会いする方々からいただく切実なキャリア相談の中で時々、「これから給与も減るし、役職もなくなるのに、リスキリングする意味などないのではないか」という声も耳にします。

しかし、本当にそうでしょうか。

確かに、受け身な姿勢のまま、すでに起こりつつある労働環境の変化に臨むと、40代以降にネガティブな雇用環境に追い込まれる方のほうが多くなってくるのではないかと危惧しています。少子高齢化が加速していく未来に向けて、将来の雇用に関する不透明感はさらに増していくようにも思います。

でも、だからこそ、「現状を変えるために、リスキリングする価値がある」というのが、私の考えです。

「The best way to predict the future is to create it yourself.（未来を予測する最善の方法は、自分自身で未来を創造することだ）」

これは、先述の「シンギュラリティ・ユニバーシティ」を創設したピーター・ディアマンディス氏の言葉です。

実は、本書の冒頭でご紹介した「定年4・0の時代」の定義、

「リスキリングで現在の雇用に頼らない人生とキャリアを自ら創造する」

は、この言葉がヒントになっています。

自分のキャリアの未来を予測する最善の方法は、自分の今までの経験やスキルを活かしながら、さらにリスキリングすることで、自分の未来を創造することだ、と私は思うのです。

リスキリングに対する疑念が芽生えた際には、ぜひ、ご自身にこう問いかけてみてください。

「用意された環境をそのまま受け入れて、残りの人生、後悔しないか？」

この本を手に取ってくださった方々が、ご自身の今後の人生を切り開いていき、幸せな定年後の時間を過ごせるようになっていったらいいなという願いで、私はこの本を書かせていただきました。

早期退職、役職定年、定年・再雇用といった組織に敷かれた既定路線に乗り、強制リセットをそのまま受け入れるのか、それとも、もう一度奮起してリスキリングを開始し、将来の選択肢を自ら増やすのか。ぜひ、リスキリングしている発展途上の自分に自信を持ち、現在、過去、未来の点と点が将来つながることを信じて、定年後の選択肢を増やしていただければ幸いです。

2024年7月

後藤宗明

後藤宗明 ごとう・むねあき
1971年生まれ。早稲田大学政治経済学部卒業。富士銀行（現・みずほ銀行）を経て、米国で起業。帰国後、米国のフィンテック企業の日本法人代表などを務めたのち、2021年に一般社団法人ジャパン・リスキリング・イニシアチブを設立し、代表理事に就任。現在は、リスキリングプラットフォームを提供する米国企業「SkyHive Technologies」の日本代表も務める。

朝日新書
966

中高年《ちゅうこうねん》リスキリング

これからも必要とされる働き方を手にいれる

2024年 8 月30日 第 1 刷発行

著　者　後藤宗明

発行者　宇都宮健太朗
カバーデザイン　アンスガー・フォルマー　田嶋佳子
印刷所　TOPPANクロレ株式会社
発行所　朝日新聞出版
〒104-8011　東京都中央区築地 5-3-2
電話　03-5541-8832（編集）
03-5540-7793（販売）

Published in Japan by Asahi Shimbun Publications Inc.
ISBN 978-4-02-295265-3
定価はカバーに表示してあります。

落丁・乱丁の場合は弊社業務部(電話03-5540-7800)へご連絡ください。
送料弊社負担にてお取り替えいたします。

朝日新書

最高の受験戦略
子どもの隠れた力を引き出す
中学受験から医学部まで突破した科学的な脳育法

成田奈緒子

現代は子どもにお金と時間をかけすぎです！ 中学受験はラクに楽しく始めましょう。発達障害や引きこもりなどで筆者のもとに相談に来る子ども達の多くは、幼少期から習い事やハードな勉強をしていた。自分から「勉強したい」という気持ちが驚くほど高まる、脳を育てるシンプルな習慣。

日本人が知らない世界遺産

林　菜央

街並み、海岸、山岳鉄道……こんなものも世界遺産？／選ばれたために改築・改修ができなくなる／選挙事情に巻き込まれることも／ベトナムの洞窟で2日連続の野宿……世界遺産の奥深い世界と、日本人唯一の世界遺産条約専門官の波乱万丈な日々。遺産登録、本当にめでたい？

中高年リスキリング
これからも必要とされる働き方を手にいれる

後藤宗明

60歳以降も働き続けることが当たり前になる中、注目を集めるリスキリング。AIによる自動化、デジタル人材の不足、70歳までの継続雇用など、激変する労働市場にあって、長く働き続けるには何をどう変えていけばいいのか。実体験をふまえた対処法を解説する。